Musculation à haut seuil d'activation

Par Christian Thibaudeau

Éditeur: Tony Schwartz

F.Lepine Publishing
ISBN 978-0-9783194-4-1
Publication 2007

Table des matières

INTRODUCTION
La méthodologie haute surcharge 7

PRINCIPE 1
Toujours tenter de générer autant de force que possible 13

PRINCIPE 2
Profiter de la portion eccentrique d'un mouvement 21

PRINCIPE 3
Précéder l'action concentrique d'un pré étirement du muscle 29

PRINCIPE 4
S'entraîner jusqu'à l'échec musculaire concentrique 37

PRINCIPE 5
Inclure un peu de plyométrie pour entraîner le système nerveux............................45

PRINCIPE 6
Inclure une bonne quantité de travail unilatéral........ 49

PRINCIPE 7
Inclure un peu de travail instable pour activer le système nerveux........................53

PRINCIPE 8
Optimiser le ratio travail-repos..59

PRINCIPE 9
Sélectionner les exercices les plus efficaces pour chaque groupe musculaire...... 67

PRINCIPE 10
Pour la perte de gras, ajouter du travail métabolique à haute vitesse 155

PRINCIPE 11
Surcharge eccentrique et entraînement en décélération
pour la force, la puissance et la 167

Organisation des exercices 185

Section bonus : entraînement isométrique 201

Mot de la fin 217

À propos de l'éditeur

Mike Hanley est un entraîneur oeuvrant sur la côte est des États-Unis. Il est certifié par la USAW en tant qu'entraîneur en performance sportive et est aussi un instructeur certifié en *kettlebells*. Mike se spécialise dans la conception de programmes pour les athlètes de niveau secondaire (High School) ainsi que pour les gens du troisième âge. Ces méthodes incluent un mélange de dynamophilie, de mouvements olympiques, de *kettlebells* ainsi que de nombreuses autres méthodes afin de procurer des gains significatifs en force et en performance. Mike travaille également étroitement avec les adolescents autistes ainsi qu'avec les personnes âgées autant en réhabilitation qu'en conditionnement physique général.

En plus de son travail dans le domaine de la force et du conditionnement, Mike Hanley est également un athlète compétitif. Il a participé à des concours de culturisme, de dynamophilie et d'haltérophilie.

Mike Hanley est disponible pour faire de l'entraînement privé dans les régions de Marlboro, Belmar et New Jersey, au New Jersey. De plus, Mike conçoit des programmes d'entraînement personnalisés, de nutrition et de supplémentation en ligne. Pour en apprendre davantage à propos des programmes de Mike, s.v.p. contactez hanley.strength@gmail.com ou visitez www.hanleystrength.com.

INTRODUCTION
La méthodologie Haute-Surcharge

En lisant le contenu de ce nouveau livre, certains croiront peut-être que j'ai finalement fermé la boucle. À l'origine, j'étais un entraîneur de performance uniquement, discipline pour laquelle j'ai laissé ma marque en apportant plusieurs méthodes d'entraînement innovatrices au monde de l'entraînement en force. Ensuite, j'ai changé mon approche pour une approche davantage axée sur le culturisme, en écrivant un livre et quelques articles sur cet aspect de notre sport ainsi qu'en entraînant plusieurs athlètes pour des concours. Ceux d'entre-vous qui sont familiers avec mon matériel traitant de l'entraînement athlétique vont reconnaître plusieurs principes dans ce livre et croiront rapidement que je suis revenu à mes racines. Bien que ce ne soit pas entièrement faux, ce n'est pas entièrement vrai non plus. Oui je reviens à une vision plus « athlétique » de l'entraînement, mais je suis loin de revenir à mon point de départ; je dirais plutôt que je suis un entraîneur qui est encore en évolution et je suis arrivé à la constatation que plusieurs principes qui s'appliquent à l'entraînement athlétique peuvent également servir de détonateur pour de nouveaux gains musculaires. La meilleure façon de décrire ce livre serait donc de lui donner l'étiquette du 'mariage interracial' entre l'esthétisme et l'athlétisme.

Tous peuvent tirer quelque chose de ce livre : les athlètes trouveront de nouvelles façons d'améliorer leur force, leur puissance et leur efficacité métabolique. Ils apprendront également comment bâtir du muscle qui sera « utilisable » dans leur sport. Les culturistes découvriront quels sont les meilleurs exercices pour chaque groupe musculaire et apprendront comment appliquer les principes de l'entraînement athlétique afin de pouvoir faire d'avantage appel aux unités motrices à haut biveau d'activation, qui sont la clé pour une croissance musculaire maximale. Enfin, l'athlète moyen désirant améliorer son look, être plus musclé et mieux défini, mais qui désire également être fonctionnel, en santé et en forme, sera capable d'appliquer les principes décrits ici pour arriver à ses fins. Je ne dis pas que tous devraient s'entraîner de la même façon. Cependant, je crois qu'il existe des principes se trouvant sur des terrains communs à toutes les formes d'entraînement, des principes basés sur la science qui peuvent être appliqués par tous pour arriver à des améliorations maximales sans égard à l'objectif.

Les athlètes et les culturistes ont tous deux une partie de la réponse!

Si vous lisez ce livre, il y a de fortes chances que :

a) vous cherchiez des façons d'améliorer votre musculature

b) vous cherchiez des façons de perdre du gras grâce à l'entraînement

c) vous cherchez des façons d'améliorer votre explosivité

d) vous cherchiez des façons d'améliorer votre force

e) vous cherchiez des photos séduisantes d'entraîneurs canadiens chauves

En fait, ce que vous cherchez est probablement une combinaison de tous ces objectifs (sauf l'objectif « e », j'espère!). C'est dans cet état d'esprit que je me trouvais quand je me suis assis pour écrire ce livre. Si vous appliquez les principes décrits dans les prochains chapitres, vous allez gagner en masse musculaire, perdre en graisses corporelle et améliorer votre force, votre explosivité et rendre votre métabolisme plus efficace. Il ne s'agit pas du Saint-Graal, mais bien de science convenablement appliquée pour stimuler une adaptation corporelle maximale.

J'ai écrit que certains penseraient que je ferme la boucle avec ce livre. C'est peut-être le cas. Au cours de la dernière décennie, je me suis trouvé des deux côtés de la clôture : j'ai entraîné des athlètes pour la force et la performance ainsi que pour des fins de culturisme et de transformation corporelle. Au départ, je séparais les deux approches. Les méthodes pour les culturistes se trouvaient dans un tiroir, et celles pour la performance athlétique dans un autre. Quand je travaillais avec les athlètes j'ouvrais le tiroir « force/puissance » pour y puiser ce dont j'avais besoin, et je faisais de même quand je concevais des programmes pour les culturistes. Il ne m'est jamais traversé l'esprit qu'il pouvait y avoir des choses utiles aux culturistes dans le tiroir « force/puissance » et vice-versa. J'ai maintenant appris à utiliser des principes provenant des deux tiroirs. Une méthode ou un principe d'entraînement ne devrait pas être étiqueté comme étant propice uniquement à l'un ou à l'autre, vous devriez rester alerte à toute chose pouvant vous procurer les résultats que vous cherchez.

Après tout, les culturistes ET les athlètes nous donnent des indices : plusieurs athlètes ont des physiques fantastiques (musclés et définis) et plusieurs culturistes sont forts et puissants; pourtant, les deux camps s'entraînent de façons radicalement différentes. Ceci me laisse croire qu'il existe plus d'une façon d'arriver au même résultat. Pas seulement cela, mais ceci me laisse également croire que si nous pouvions combiner les meilleurs principes provenant des deux camps, nous pourrions arriver à élaborer la meilleure méthodologie de transformation corporelle possible.

C'est donc mon objectif avec ce livre et je souhaite pouvoir m'en approcher au maximum, vous en serez le juge!

Les 11 principes
Malheureusement, j'ai raté une superbe occasion de bien vendre mon livre en proposant onze principes à garder en tête en concevant un programme d'entraînement. Si j'avais choisi d'en donner 10, j'aurais pu les appeler les « Dix Commandements de l'Entraînement ». Si j'avais porté mon choix sur 12, j'aurais pu faire référence aux beignes ou aux apôtres (le simple fait d'utiliser les mots « beignes » et « apôtres » dans la même phrase est un exploit en soi). Malheureusement, j'ai dû me contenter de 11. Une preuve supplémentaire que le marketing n'a jamais été ma spécialité.

Dans les chapitres suivants, je décrirai les 11 règles à respecter lors de la conception d'un programme d'entraînement. Comprenez que tous ces principes n'ont qu'un seul et unique but : maximiser l'implication des unités motrices à haut niveau d'activation. Ces unités motrices sont celles qui ont le plus grand potentiel pour la croissance musculaire. Ce sont également celles qui ont le plus grand potentiel de production de force et de production de puissance, devenant ainsi très importantes pour la plupart des individus s'entraînant pour la force, la masse ou la vitesse.

Malheureusement, notre génétique limite quelque peu le nombre d'unités motrices à haut niveau d'activation que nous pouvons posséder. OUI il est possible de « convertir » certaines fibres musculaires d'un type à un autre et ainsi court-circuiter la génétique d'une certaine façon. Cependant, ceci ne se produit pas du jour au lendemain et ne se produit pas de façon très significative non plus. Cela dit, en utilisant les méthodes d'entraînement qui mettent l'emphase sur les unités motrices à niveau d'activation élevé, nous pouvons les développer de façon sélective de sorte que même si leur nombre n'augmente pas, leur volume relativement au reste du muscle lui augmentera (elles prendront la majorité de l'espace occupé par le muscle sans augmenter en nombre). Sans oublier que de s'entraîner de manière à stimuler les fibres musculaires rapides provoquera une adaptation de toutes les autres fibres vers un profil davantage rapide / à haut niveau d'activation. Ceci signifie que même si les fibres lentes ne deviennent pas des fibres rapides, leurs propriétés et caractéristiques tendront vers un profile rapide. Avec le temps ces adaptations augmenteront radicalement votre capacité d'augmenter votre masse musculaire, votre force et votre vitesse.

Tout ceci étant dit, voici les onze principes de la croissance musculaire à haut seuil d'activation:

---

1. Toujours tenter de générer autant de force que possible

2. Tirer avantage de la portion eccentrique du mouvement

3. Précéder l'action concentrique d'un préétirement du muscle

4. S'entraîner jusqu'à l'échec musculaire positif

5. Inclure un peu de plyométrie pour entraîner le système nerveux

6. Inclure une bonne quantité de travail unilatéral

7. Inclure un peu de travail instable pour activer le système nerveux

8. Optimiser le ratio travail-repos

9. Sélectionner les exercices les plus efficaces pour chaque groupe musculaire

10. Pour la perte de gras, ajouter du travail métabolique à haute vitesse

11. Surcharge eccentrique et entraînement en décélération pour la force, la puissance et la masse

PRINCIPE 1
Toujours tenter de générer autant de force que possible

Introduction au premier principe

Comme nous avons vu plus tôt, la clé pour stimuler le maximum de croissance musculaire n'est pas uniquement d'impliquer, mais aussi de fatiguer les unités motrices à haut niveau d'activation (HTMU : High Threshold Motor Units). Ces fibres sont également appelées unités motrices de type-II, unités motrices rapides et fibres musculaires glycolytiques. Il existe plusieurs différentes terminologies pour décrire les différents types d'unités motrices / fibres musculaires, alors ratisser la littérature peut être confondant. Sans aller dans les détails de la théorie de la physiologie, il est important de bien comprendre ce que sont exactement les unités motrices et comment elles sont stimulées. Quand nous comprendrons comment stimuler ces fibres, nous serons mieux outillés pour concevoir des protocoles de croissance musculaires optimaux.

L'unité motrice

L'unité motrice est l'unité fonctionnelle de base du muscle. Les unités motrices sont composées d'une série de nerfs moteurs alpha ainsi que de toutes les fibres musculaires qu'ils innervent. Toutes les fibres dans la même unité motrice sont du même sous-type (nous les verrons plus en détail plus tard). Le nerf moteur provient de la moelle épinière et suis son chemin jusqu'au muscle où il est « responsable » de l'activation d'un certain nombre de fibres musculaires. Plus une unité motrice est grosse (plus elle contient de fibres musculaires), plus elle peut générer de grandes forces. Quand le système nerveux envoie un signal d'activation vers l'unité motrice, toutes les fibres activées par le nerf seront recrutées au maximum, c'est le principe du tout ou rien : toutes les fibres musculaires innervées par le même nerf moteur seront activées une fois que le signal est envoyé.

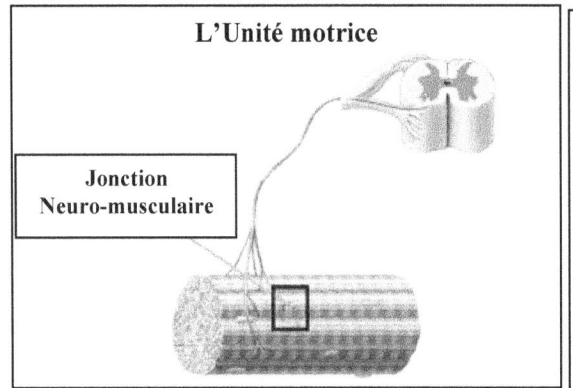
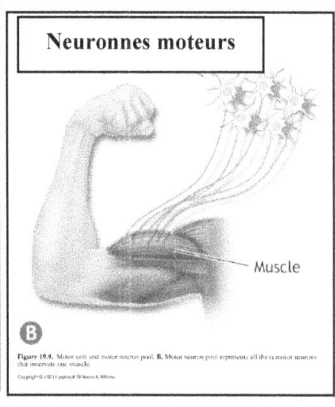

La nature d'une unité motrice dépend du type de fibre musculaire qui la compose. Le système de classification original divisait les fibres musculaires en deux grandes familles : Type I (lente) et Type II (rapides). Cependant, ce système de classification a changé dû à la découverte de plusieurs sous-types de fibres musculaires. Nous avons trois types de fibres musculaires « pures » : I (lente, oxydative), IIA (rapide oxydative et glycolytique) et IIB (rapide glycolytique). Il existe également plusieurs types de ces fibres musculaires telles que présentées avec plus de détails dans ce tableau :

Classification des types de fibres musculaires humaines				
Classification mATPase	Type de vitesse	Classification Myosine	Classification bioénergétique	Propriétés de fatigue
I	Lente	MHCI	Oxydative	Résistante
IC	Lente	MHCI et MHCIIa	Oxydative	Résistante
IIC	Rapide	MHCI et MHCIIa	Oxydative-Glycolytique	Résistante
IIAC	Rapide	MHCIIa et MHCI	Oxydative-Glycolytique	Résistante
IIA	Rapide	MHCIIa	Oxydative-Glycolytique	Résistante
IIAB	Rapide	MHCIIa et MHCIIx	Glycolytique	Non-Résistante
IIB	Rapide	MHCIIx	Glycolytique	Non-Résistante

Le tableau présente les fibres musculaires en ordre de capacité de production de force avec les fibres pures I l'étant le moins aptes pour ce faire et les fibres pures IIB l'étaient le plus. Les fibres I et IC font partie des UM dont le seuil d'activation est bas, les fibres IIC et IIAC sont des UM dont le seuil d'activation est intermédiaire et les fibres IIA, IIAB et IIB font partie des UM dont le seuil d'activation est élevé.

Génération de force

Votre système nerveux est responsable de moduler la bonne quantité de force que nos muscles doivent produire. Ce phénomène se passe par quelques mécanismes, nommément :

1. **Le nombre d'unités motrices activées** :

Plus il y à d'unités motrices qui entrent en jeu, plus vous pouvez générer de force. Plus de force = plus d'unités motrices (ceci est un principe clé). Dans la plupart des circonstances, le recrutement musculaire se fait selon le principe de la grosseur: les unités motrices plus petites (faible seuil d'activation) s'activent en premier, si la demande de production de force continue d'augmenter, les unités motrices intermédiaires commenceront à s'activer et si la demande de production de force est extrêmement élevée, les unités motrices les plus grosses (dont le seuil d'activation est élevé) finiront par entrer en jeu. Il devrait donc être clair que pour impliquer ces dernières, la demande de production de force devrait être extrêmement élevée et, pour y arriver, est primordial de faire un effort maximal concentré et volontaire à chaque répétition.

2. **Le taux d'activation des unités motrices impliquées** : Nous venons de voir que le système nerveux peut augmenter la production de force en activant davantage d'unités motrices. La production de force peut également être modifiée en variant le taux auquel les fibres musculaires « font feu ». Plus une fibre peut « tiquer » souvent, plus elle peut générer de force. Quand une fibre musculaire produit environ 50-60 « tics » par seconde, elle atteint une contraction tétanique qui peut être jusqu'à 10-15 fois plus intense qu'avec un taux d'activation plus faible.

3. **Le taux de développement de la force** : Quand un mouvement volontaire demande qu'une certaine force soit développée très rapidement, le système nerveux peut ajuster son mode de recrutement en activant les unités motrices très rapidement. Un entraînement utilisant des actions explosives ou balistiques concentriques (ou du moins, avoir l'intention d'accélérer la charge aussi vite que possible) peut augmenter la capacité du système nerveux à utiliser les fibres musculaires à un taux d'activation très rapide. Nous parlerons davantage de ce point spécifique dans le chapitre du « Principe 3 ».

Le facteur de la coordination : Pour être efficace à produire de la force pendant un mouvement, votre système nerveux doit coordonner efficacement l'action de toute une palette d'unités motrices composant un muscle spécifique. Il doit également coordonner l'action de tous les muscles impliqués dans le mouvement. Pour cette raison, les meilleurs gains en force acquis au moyen d'exercices de musculation le sont surtout dans des patrons moteurs semblables aux dits exercices, avec un peu de transfert dans des patrons moteurs connexes.

Force maximale pour stimulation maximale

Pour impliquer le plus grand nombre d'unités motrices possible, vous devez générer autant de force que possible en tout temps pendant une série. Certains mentionneront vite que puisque la production de force est un élément clé dans l'activation des unités motrices, nous devrions toujours manipuler des charges maximales (90-100 %). Ce n'est pas le cas et ce raisonnement reflète une mauvaise compréhension de la définition de ce qu'est la force. En biomécanique (et en physique) la force est définie comme suit :

$$\text{« } F = ma \text{ »}$$

La force (F) est égale à la masse (m) fois l'accélération (a). Donc une augmentation de la génération de la force peut être obtenue en augmentant l'accélération d'une même charge, ou en utilisant d'avantage de poids. Le recrutement maximal est atteint quand la production de force volontaire est la plus grande. Pour cette raison, nous devrions toujours tenter d'atteindre une accélération maximale, peu importe la charge utilisée et peu importe notre niveau de fatigue. Évidemment, quand la charge est très élevée, ou quand nous sommes épuisés à la fin d'une série, le mouvement de la barre sera lent. Cependant, l'intention d'accélérer la charge autant que possible a le même effet sur le système nerveux (incluant l'activation des unités motrices, haut taux d'activation et production rapide de force) au même titre que si la barre bougeait rapidement.

C'est ce qui a mené à la technique de compensation d'accélération (*Compensatory Acceleration Technique,* ou *CAT).* CAT signifie que vous compensez une charge non maximale en l'accélérant autant que possible. Une charge non maximale soulevée SANS l'intention de l'accélérer au maximum ne mènera pas à la stimulation des unités motrices dont le seuil d'activation est élevé, et ce jusqu'à ce que vous atteigniez un niveau de fatigue qui forcera votre système nerveux à finalement faire appel à ces fibres musculaires puissantes. Donc, si vous utilisiez une charge modérée et que vous la souleviez sans CAT vos unités motrices au seuil d'activation élevé n'entreraient en jeu que lors des deux ou trois dernières répétitions. À noter que selon le Dr. Vladimir Zatsiorsky, une unité motrice qui n'est pas en train de se faire « fatiguer » n'est pas une unité motrice en train de se faire « entraîner ». Résultat : Si vous ne pouvez pas fatiguer ces unités motrices à haut seuil d'activation (si l'échec musculaire se produit à cause d'une accumulation de métabolites par exemple), cette série fut une perte de temps, du moins en ce qui a trait à la croissance musculaire maximale.

Le fait de devoir éventuellement impliquer les unités motrices à haut seuil d'activation au fur et à mesure que la fatigue s'installe à mené les gens à dire que « ce sont les quelques dernières répétitions qui font toute la différence (pour obtenir la meilleure croissance musculaire) ». Alors que pour les méthodes classiques d'entraînement en culturisme c'est probablement vrai, la CAT rendra chaque répétition efficace pour recruter les unités motrices à haut seuil d'activation. Ces unités motrices seront donc stimulées pendant 8-12 répétitions pendant une série au lieu de seulement 2-3. Elles seront ainsi davantage fatiguées, et leur croissance sera davantage stimulée.

Vous pouvez tirer plusieurs conclusions en voyant comment une série se termine. Les individus avec un système nerveux très efficace et/ou qui possèdent un taux élevé d'unités motrices à seuil d'activation élevé « casseront » rapidement : pour ces gars-là, la première et la dernière répétition d'une série seront énormément semblables; ils peuvent demeurer explosifs pendant toute la série, mais quand ils cassent, ils cassent rapidement! Les répétitions 1 à 7 peuvent être très explosives et on aura l'impression que le gars pourrait continuer pendant des heures, mais à la 8e répétition... BOUM! Plus rien! Les individus avec un système nerveux moins efficace seront capables d'extraire plusieurs répétitions lentes à la fin d'une série. Ceci est dû au fait que ceux qui cassent rapidement activent en bloc les unités motrices à haut seuil d'activation dès le départ et commencent à les fatiguer dès la première répétition.

Points importants

1. Les unités motrices à haut seuil d'activation ont le plus grand potentiel de croissance musculaire.

2. Les unités motrices à haut seuil d'activation entrent en jeu quand la demande de production de force est élevée.

3. Les unités motrices à haut seuil d'activation peuvent également entrer en jeu quand la fatigue au niveau des fibres musculaires à seuil d'activation intermédiaire empêche la production de force maximale. À ce moment les unités motrices à haut seuil d'activation s'activent.

4. Vous pouvez « compenser » pour un manque de fatigue au cours des premières répétitions d'une série en tentant de créer autant d'accélération que possible à chaque répétition de chaque série.

5. L'intention (faire l'effort) d'accélérer la charge est ce qui provoque l'activation des unités motrices à haut seuil d'activation. Même si la barre ne bouge pas rapidement, si vous essayez vraiment de pousser aussi fort que possible, l'effet sera le même que si vous souleviez vraiment la charge à grande vitesse.

6. La clé est d'atteindre une accélération maximale à un poids et niveau de fatigue donnés.

7. Plus vous cassez rapidement pendant une série, plus vous êtes aptes à recruter les unités motrices à haut seuil d'activation.

PRINCIPE 2
Profiter de la portion eccentrique d'un mouvement

Introduction au second principe

L'action eccentrique d'un muscle fait référence à l'allongement résisté de ce muscle, un muscle appliquant une force alors qu'il est en train de s'allonger. Ce genre d'action est également appelé action négative (en opposition à l'action positive, ou concentrique, qui fait référence au soulèvement de la charge).

L'action eccentrique est présente dans la plupart des exercices avec poids libres ou avec appareils. Cependant, puisque le potentiel de force concentrique est plus faible que le potentiel de force eccentrique, ce dernier est rarement stimulé au maximum. En d'autres mots, la faiblesse relative de la portion positive prévient une surcharge complète de la portion négative.

Tel que je vais expliquer, c'est la portion négative d'un exercice qui nous procure le plus de résultats pour un effort donné. Un individu cherchant des résultats maximaux devrait planifier ses méthodes d'entraînement de manière à mettre l'emphase sur la surcharge de la portion négative.

Le stress eccentrique est un stimulus supérieur pour l'amélioration de la force.

Nous savons depuis longtemps que la portion eccentrique/négative d'un exercice procure davantage de gains en force que la portion concentrique / positive. Par exemple, une étude par Hortobagyi et collègues à démontré que l'amélioration de la force maximale totale provenant de l'entraînement en eccentrique uniquement était supérieur qu'un programme en concentrique uniquement suivi pendant 6 semaines. La force totale maximale est la somme des forces concentrique, isométrique et eccentrique maximales. Avec ce protocole, l'entraînement en négatif seulement procura une amélioration moyenne de 85%, alors que l'entraînement en concentrique uniquement procura une amélioration de 78%. De plus, cette étude utilise des actions négatives sous-maximales et des actions positives maximales. Ceci nous donne évidemment beaucoup d'information à propos de l'entraînement en négatif, du moins quand l'objectigf est de maximiser les gains en force. Ces résultats concordent avec la littérature scientifique sur ce sujet. Par exemple, une étude par Higbie et coll. (1996) démontre une augmentation de force combinée (amélioration de la force concentrique + amélioration de la force eccentrique) de 43 % avec un protocole uniquement eccentrique comparativement à une augmentation de 31,2% avec un protocole uniquement concentrique. N'oublions pas non plus une étude faite par Hilliard-Robertson et collègues qui concluait qu'« *Un protocole d'entraînement en résistance qui inclut des exercices concentriques aussi bien qu'eccentriques, particulièrement lorsque l'accent est mis sur la portion eccentrique, semble donner de plus grands gains en force que les exercices uniquement en concentrique.*» Cette conclusion est similaire à celle que Komi et Bushkirk ont fait plusieurs années auparavant (1972) qui démontrait des gains en force plus grand après un entraînement en eccentrique qu'en concentrique. Il à été également démontré que d'enlever le stimulus eccentrique d'un programme d'entraînement compromettant grandement les gains potentiels en force (Dudley et coll. 1991).

Le stimulus eccentrique est supérieur pour la croissance musculaire

L'étude mentionnée ci-haut (Higbie et coll. 1996) démontre que l'entraînement en eccentrique seulement menait à des gains musculaires moyens de 6.6 % sur une période de 10 semaines comparativement à 5% pour un protocole seulement en concentrique. 5% peut sembler peu, mais n'importe quel culturiste comprend qu'une augmentation musculaire de 2% est visuellement significative, surtout à long terme.

- (Farthing et Chilibeck 2003), ont conclut que "l'entraînement eccentrique procure une hypertrophie plus importante que l'entraînement concentrique."

- (LaStayo et coll. 2003) ont même découvert que l'entraînement concentrique procure 19% plus de croissance musculaire que l'entraînement régulier sur une période de 11 semaines !

- *« l'action musculaire eccentrique est un stimulus nécessaire à la croissance musculaire»* (Cote et coll. 1988).

Pourquoi l'entraînement eccentrique est-il efficace?

L'entraînement eccentrique permet de stimuler de meilleurs gains en force et en masse que l'entraînement concentrique pur. Il existe 5 raisons majeures responsables de cet état de choses :

1. L'adaptation neurale est plus grande avec l'entraînement eccentrique qu'avec l'entraînement concentrique (Hortobagyi et coll. 1996).

2. La production de force est plus grande lors d'une action eccentrique maximale (surcharge plus grande) parce qu'il est possible d'utiliser une charge externe plus grande (Colliander et Tesch 1990).

3. Le niveau de stress par unité motrice est supérieur pendant le travail eccentrique. Moins d'unités motrices sont stimulées pendant la portion eccentrique d'un mouvement, faisant ainsi en sorte que chaque unité motrice reçoit une stimulation bien plus grande (Grabiner et Owings 2002, Linnamo et al. 2002). De plus, puisque le système nerveux semble stimuler moins d'unités motrices pendant une action eccentrique maximale, le potentiel d'amélioration pourrait être plus important qu'avec une contraction concentrique maximale.

4. Il existe certaines évidences démontrant que lors des mouvements eccentriques maximaux, le système nerveux tend à stimuler davantage les fibres musculaires rapides (unités motrices à haut seuil d'activation), qui répondent mieux aux stimulus de gains en force et en masse (Nardone et coll. 1989, Howell et coll. 1995, Hortobagyi et coll. 1996). En fait, l'entraînement en eccentrique peut participer positivement à une évolution des fibres vers un profile ressemblant davantage à celui des fibres musculaires rapides. (Martin et coll. 1995).

5. La plus grande partie des microdéchirures subies par les cellules musculaires pendant un entraînement sont provoquées par les mouvements eccentriques (Brown et coll. 1997,

Gibala et coll. 2000). Il est connu que ces microdéchirures sont le signal déclencheur du processus d'adaptation musculaire (Clarke et Feeddos, 1996).

Points importants

1. Si vous ne mettez pas d'emphase sur la portion négative de vos exercices de renforcement (si vous rabaissez la barre très rapidement, si vous ne contractez pas vos muscles pendant la portion eccentrique, etc.), vous pouvez tout aussi bien ne pas vous entraîner du tout (du moins, si les gains maximaux en masse et en force sont importants pour vous). Par contre, ceci ne signifie pas que vous deviez mettre l'emphase sur la portion négative de tous vos exercices, simplement que certains exercices devraient être faits avec une très grande surcharge lors de la portion négative du mouvement.

2. Mettre l'emphase sur le stress musculaire eccentrique pendant un entraînement vous procurera de plus grands gains en force, résultant d'adaptations structurelles et neurales.

3. La portion eccentrique d'un mouvement est le principal stimulus pour la croissance musculaire puisque c'est pendant cette phase que le muscle subit le plus de microdéchirures qui, elles, déclenchent le processus de croissance musculaire.

4. Un bénéfice supplémentaire que j'ai découvert est que la surcharge de la portion eccentrique d'un exercice permet de nous habituer à manipuler et contrôler de grosses charges. Ceci peut faire toute la différence au niveau de la confiance en soi lors de levés maximaux.

Comment tirer le maximum de la portion eccentrique d'un exercice

La première façon de tirer avantage de la portion eccentrique d'un exercice est d'ajuster la façon de l'exécuter pour chaque répétition de chacun de vos exercices « normaux». La seconde approche consiste à utiliser l'entraînement eccentrique comme méthode d'entraînement spéciale, mais nous en discuterons plus en profondeur dans le chapitre traitant du neuvième principe.

La mode actuelle en culturisme es td'exécuter la portion eccentrique d'un exercice lentement, ou du moins avec contrôle (rabaisser la charge en 3-4 secondes). Bien que cette approche soit de loin supérieure à celle qui consiste à laisser tomber et rebondir la charge, elle n'est pas optimale pour maximiser la croissance musculaire; ou du moins, on peut dire qu'elle est en quelque sorte incomplète.

Pourquoi est-elle incomplète? Il est possible de rabaisser la charge sous contrôle en utilisant les frictions intra et inter musculaires de même qu'en dissipant l'effort vers des groupes musculaires non ciblés par l'exercice : les muscles principaux peuvent alors se « reposer » et ce, même si vous contrôlez la vitesse de la descente de la charge. La plupart des *powerlifters* utilisent l'image mentale de rabaisser la barre avec leurs grands dorsaux lorsqu'ils font le développé couché : en déployant les grands dorsaux, la friction entre l'intérieur du bras et les grands dorsaux ralentira la descente, permettant aux triceps, pectoraux et deltoïdes de travailler un peu moins (conservant ainsi l'énergie pour le moment où il faudra re soulever la barre). Ceci est excellent si vous tentez de pousser un maximum à un exercice donné. Cependant, ce n'est pas le stimulus optimal pour la croissance musculaire. Pour stimuler une hypertrophie maximale, aucun relâchement au niveau de la tension musculaire ne doit survenir pendant une série. Ceci signifie que les groupes musculaires visés devraient toujours contracter de façon maximale pendant tout l'exercice (vous ne devriez pas utiliser la friction pendant la portion négative du mouvement) et vous ne devriez jamais faire de pause entre les répétitions d'une série. Gardez la tension dans vos muscles!

Non seulement devriez-vous rabaisser la charge sous contrôle, vous devriez aussi contracter au maximum les muscles ciblés lors de cette portion de l'exercice. Pour y arriver, vous devez vous concentrer sur ce que vous ressentez dans votre muscle qui se contracte (entraînement interne) plutôt que sur le fait de soulever la barre (entraînement externe). Comme je le dis toujours, quand vous vous entraînez en hypertrophie, vous ne soulevez pas des poids, vous contractez vos muscles contre une résistance.

C'est ainsi que les premiers ¾ de la phase eccentrique devraient être exécutés : lentement avec une contraction/tension maximale. Ceci rendra déjà chacune des répétition beaucoup plus efficace que de simplement rabaisser la charge « sous contrôle ». Mais, pour en faire une « répétition eccentrique parfaite » nous devons ajouter une seconde phase, qui se produit pendant le dernier ¼ de la portion négative d'une répétition.

Les études démontrent qu'une action eccentrique rapide provoque un étirement du muscle et favorise de façon significative la stimulation des unités motrices. Cela peut également potentialiser le mouvement concentrique subséquent. Il s'agit là du principe à la base de l'entraînement en plyométrie utilisés par les athlètes. Quand un muscle est étiré de façon subite et avec force sous une charge vous pouvez augmenter votre production de force pendant que vous soulevez cette charge (ceci est dû à l'activation du réflexe d'étirement (aussi appelé réflexe myotatique), aux composantes élastiques du tissu musculaire ainsi qu'une stimulation plus importante des fibres musculaires à haut seuil d'activation). Cette méthode peut s'appliquer aux exercices réguliers et est une méthode très efficace pour provoquer la croissance musculaire.

Pour y arriver, exécutez les premiers ¾ de la phase eccentrique sous une tension maximale (pour tirer avantage du stimulus d'hypertrophie) et alors que vous arrivez à la fin de la portion eccentrique, accélérez la charge vers le bas pour étirer les muscles sous tension. En arrivant à la position d'étirement complet, explosez vers le haut en utilisant le principe d'accélération compensatoire.

La façon exacte d'exécuter cette technique de façon sécuritaire sera expliquée dans le prochain chapitre, mais pour l'instant souvenez-vous que la répétition eccentrique parfaite commence avec une phase lente et contractée et se termine avec une phase d'étirement rapide.

Points importants

1. Les premiers ¾ de la phase eccentrique ne doivent pas être faits uniquement lentement et sous contrôle, mais les muscles ciblés doivent également contracter au maximum.

2. Lors du dernier ¼ de la phase eccentrique, vous devriez augmenter la vitesse du mouvement jusqu'à ce que vous arriviez au plein étirement afin de maximiser la production de force et la stimulation des unités motrices à haut seuil d'activation.

PRINCIPE 3
Précéder l'action concentrique d'un pré étirement du muscle

Introduction

Les avantages de faire un préétirement à haute vitesse avant une action concentrique explosive est un truc connu dans le monde des sports. Ce type de mouvement, connu comme le réflexe d'étirement (ou myotatique), est la façon naturelle dont nos muscles travaillent dans la plupart des tâches requérant une production de force élevée de nature balistique (lancer, sauter, etc.) ainsi que pendant les déplacements (marcher, courir, etc.). Dans les contractions musculaires, précéder la phase concentrique (où l'on soulève la charge dans notre cas) d'un étirement court et ferme peut significativement augmenter la quantité de force produite. Ceci est causé par :

1. **L'effet maximisant du réflexe d'étirement myotatique :** Quand une structure musculotendineuse (un muscle et ses tendons) est étirée avec force, il se déclenche un réflexe d'étirement qui est gouverné par les fuseaux neuromusculaires. Ces fuseaux sont de petites fibres qui longent les fibres musculaires et lorsque ces fuseaux sont étirés au-delà d'un certain point, ils initient le réflexe d'étirement myotatique qui aide le muscle à se raccourcir. Ceci est un mécanisme de prévention visant à protéger les structures musculotendineuses des déchirures provoquées par un étirement excessif.

2. **Les composantes élastiques de la structure musculotendineuse:** Les muscles, le fascia et les tendons sont de nature élastique (plus ou moins selon la structure) et se comportent exactement comme un élastique; si elles sont étirées, ces structures auront tendance à se raccourcir avec force ensuite. Cette caractéristique des sturctures musculotendineuses peut également contribuer à augmenter la production de force.

3. **Augmentation de l'activation des unités motrices:** Walshe et coll. (1998) ont statué que de pré étirer un muscle avant une phase concentrique favorise davantage l'activation du muscle. Ils ont également découvert que pendant un mouvement pré étiré, l'étirement peut augmenter la capacité des éléments contractiles du muscle.

4. L'évolution vers une dominance des fibres rapides à long terme : Paddon-Jones et coll. (2001) ont démontré que les actions eccentriques rapides (l'étirement puissant et rapide que je propose à la fin de la portion négative est une action eccentrique rapide) à mené à une augmentation du pourcentage des fibres/unités motrices rapides au cours des semaines (le protocole de l'étude ici dura 10 semaines). Les mouvements eccentriques rapides ont diminué le pourcentage de fibres de type I d'une moyenne de 53,8 % à une moyenne de 39,1 % alors que le pourcentage des fibres de type IIb a augmenté d'une moyenne de 5,8% à une moyenne de 12,9 %. (il a donc dû avoir une augmentation des fibres IIa également, mais ceci n'a pas été mesuré). Avec le temps, ce type d'entraînement peut grandement améliorer la capacité d'un individu à stimuler l'hypertrophie ainsi que les gains en force et en puissance.

Pour être efficace, un réflexe d'étirement requiert trois conditions essentielles. (Komi et Gollhofer, 1997):

a) **Une phase eccentrique courte et rapide :**
Cette courte phase eccentrique/préétirement (qui ne se fait fait qu'au dernier ¼ de la phase eccentrique pour nous, et c'est la technique que je recommande) favorise l'utilisation de la raideur de courte amplitude et mène à une production de force plus grande.

b) **Temps de transition rapide :**

Je fais référence à la transition entre le préétirement et l'action concentrique qui le suit. Il à été démontré que plus cette transition est courte (changement rapide d'étirement à contraction) plus la production de force sera élevée.

c) **Une pré activation bien planifiée des muscles avant le pré étirement rapide :** Ceci est ce que nous faisons en exécutant les premiers ¾ de la phase concentrique sous contrôle et sous tension musculaire maximale; contracter fortement le muscle pendant cette portion du mouvement vous assure que le muscle est adéquatement activé avant l'étirement. Un étirement puissant sans pré activation adéquate peut s'avérer dangereux et diminuer grandement l'efficacité du pré étirement.

Dans le même ordre d'idée, il est intéressant de noter que l'accumulation excessive d'énergie cinétique peut mener à une diminution de la production de force et non une augmentation. Ceci est dû à l'activation des mécanismes de protection du muscle (particulièrement les organes tendineux de Golgi). Ceci explique en partie pourquoi seul le dernier ¼ de la phase eccentrique devrait être fait rapidement. Les ¾ initiaux doivent être contrôlés pour éviter l'accumulation d'énergie cinétique.

Non seulement un pré étirement augmente la production de force, mais il peut également l'augmenter à n'importe quelle vélocité d'entraînement. Habituellement, la contraction musculaire répond à une courbe inversée force-vélocité par Hill (ci-dessous)

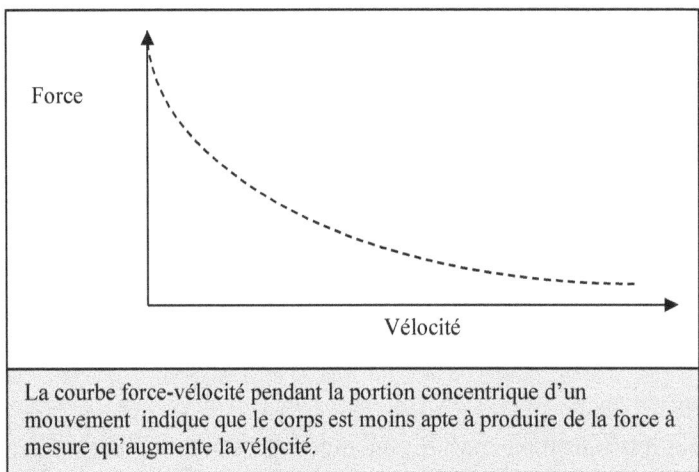

La courbe force-vélocité pendant la portion concentrique d'un mouvement indique que le corps est moins apte à produire de la force à mesure qu'augmente la vélocité.

Cependant, cette courbe fut développée à partir de mouvements sans réflexe d'étirement. La courbe force-vélocité pendant des mouvements qui impliquent le réflexe d'étirement est différente. Le graphique suivant, adapté de Komi et coll. (1996) illustre la différence entre la courbe force-vélocité théorique et celle observée avec les mouvements à réflexe d'étirement.

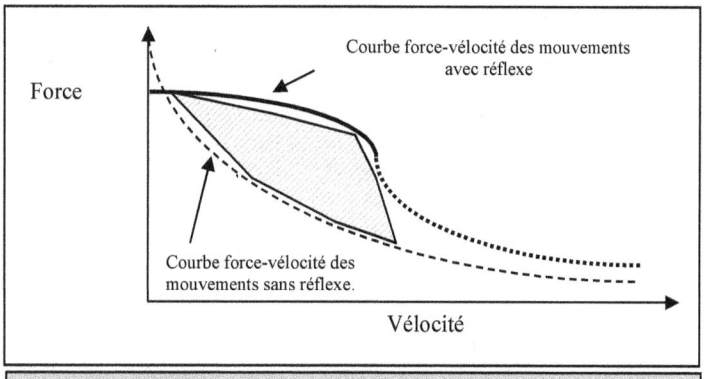

Cette figure montre clairement que quand un réflexe est utilisé, le corps peut générer un haut niveau de force même pendant des mouvements à haute vitessse.

Points importants

1. Un pré étirement court et rapide augmente la production de force par des mécanismes de réflexes, d'élasticité et de contraction.

2. L'utilisation à long terme de cette technique peut augmenter le ratio de fibres rapides et diminuer le ratio de fibres lentes. Ceci augmentera grandement votre potentiel de croissance musculaire.

3. Pour être efficace, un pré étirement doit être court et rapide, précédé d'une pré activation adéquate, et exécuté avec un temps de transition aussi minime que possible entre l'étirement et la contraction qui suit.

4. Le pré étirement augmente la capacité du corps de maintenir un niveau élevé de production de force, même pendant les mouvements à haute vélocité.

La phase contrôlée de pré activation musculaire

Ceci fait référence aux premiers ¾ du mouvement. Tel que nous avons vu dans le chapitre précédent, cette phase devrait être faite sous contrôle tout en contractant les muscles au maximum. Ceci augmentera la sécurité et l'efficacité de la phase de pré étirement. La plus grande erreur que vous pourriez faire pendant cette phase initiale serait de rabaisser la charge trop rapidement sans que le muscle ne soit suffisamment tendu. Ceci rend la technique dangereuse (personne ne prend de masse musculaire à l'hôpital) et moins efficace. Une attention particulière devrait être portée au patron du mouvement : vous devez utiliser le patron de mouvement qui vous permet de bien ressentir que le muscle travaille de façon optimale. Cet aspect sera expliqué dans la section des sélections d'exercices.

La phase de pré étirement

La façon de bien faire cette phase du mouvement devrait être évident maintenant : le dernier ¼ de la phase eccentrique devrait être fait rapidement pour permettre un pré étirement puissant du muscle ciblé. Il est également très important d'initier la phase de soulèvement de la charge aussi rapidement que possible après que le pré étirement se soit produit pour récolter le plus de bénéfices de cette technique.

Point TRÈS important

> Vous remarquerez que j'ai mentionné que le pré étirement devrait être fait plus rapidement que la portion eccentrique initiale, qui elle est lente. Cependant, ceci ne veut pas dire de laisser tomber ou de faire rebondir la charge sans aucun contrôle! Vous devez toujours maintenir une tension musculaire et garder la barre sous contrôle pour éviter des blessures potentielles.

La phase de soulèvement à accélération maximale

Comme nous l'avons vu dans le premier chapitre (principe 1), pour générer le plus de force possible avec une charge donnée, vous devez tenter d'accélérer la charge autant que possible pendant la phase de soulèvement/concentrique. Ceci est d'autant plus important en utilisant un pré étirement parce que l'avantage principal de ce pré étirement est qu'il augmente votre capacité de produire plus de force (souvenez-vous que la Force = Masse x Accélération) pendant les mouvements à haute vitesse. Quand vous tentez d'accélérer autant que possible, (tel que nous l'avons vu plus tôt, l'intention d'accélérer est aussi importante que la vitesse du mouvement réel), vous augmentez l'activation des unités motrices à haut seuil d'activation et vous régulez à la hausse leur fréquence de « tic ». Au bout du compte, vous utilisez d'avantage de fibres « payantes » et vous les faites travailler plus dur.

Points importants

1. Commencez avec un mouvement eccentrique contrôlé et contracté pendant les premiers ¾ de la phase. Ceci créé une bonne pré activation et permettra de mieux vous concentrer sur le muscle ciblé.

2. Terminez la portion eccentrique avec un étirement rapide et puissant pour augmenter la production de force pendant la phase suivante.

3. Dès que vous arrivez à la position de pré étirement, initiez immédiatement le soulèvement de la charge aussi rapidement que vous le pouvez. Souvenez-vous de tenter d'accélérer la charge autant que possible à chaque répétition. Au fur et à mesure que la fatigue se fait sentir, la vitesse d'exécution va diminuer, mais l'intention d'accélérer a le même effet d'entraînement que la vitesse réelle du mouvement.

PRINCIPE 4
S'entraîner jusqu'à l'échec musculaire positif

Introduction

Peu de concepts dans le monde de l'entraînement ont été aussi chaudement débattus que l'utilité (ou l'inutilité) d'atteindre l'échec musculaire à la fin de vos séries. Est-ce nécessaire pour la croissance musculaire? Non. Cependant, je crois que c'est nécessaire pour une croissance optimale. Certains disent que l'entraînement jusqu'à l'échec est soit trop dangereux ou peut mener à la fatigue du système nerveux central. D'autres disent que de s'entraîner jusqu'à l'échec trop souvent provoquera trop de dommage musculaire et peut mener au surentraînement localisé. Certaines de ces mauvaises conceptions découlent d'une mauvaise compréhension de l'échec musculaire.

Les plus fervents défenseurs de l'entraînement jusqu'à l'échec l'ont défini comme étant «une incursion maximale dans le muscle à chaque série». <u>Ceci est parfait, mais suis-je le seul à ne pas comprendre ce qu'ils veulent dire par là?</u> Il est important de bien définir ce qu'est l'échec musculaire et pourquoi il se produit. Cette information nous permettra d'évaluer de façon objective s'il est préférable ou non de s'entraîner jusqu'à l'échec.

Quel est le but de l'échec?

L'échec est facile à comprendre. Il s'agit simplement de l'incapacité de maintenir la production de force requise (Edwards 1981, Davis 1996). En d'autres mots, il arrive un moment pendant votre série où l'exécution de répétitions supplémentaires deviendra de plus en plus ardu jusqu'à ce que vous ne puissiez plus produire la quantité requise de force pour compléter une répétition. L'échec n'est pas une quantité «d'incursion» dans un muscle; ce n'est rien d'ésotérique comme nous venons de voir.

Les causes de l'échec

Si le concept de l'échec musculaire est assez facile à comprendre, les causes sous-jacentes sont un peu plus complexes. Il n'existe pas une cause unique à l'échec musculaire, il y en a plutôt plusieurs.

1. **Facteurs nerveux/neuromusculaires:** Le système nerveux central (SNC), c'est le patron! C'est le SNC qui active les unités motrices impliquées dans le mouvement, règle leurs taux de « tic » et assure une bonne coordination intra et inter musculaire. La fatigue du SNC peut contribuer à l'échec musculaire, surtout la baisse des neurotransmetteurs dopamine et acétylcholine. Une diminution des niveaux d'acétylcholine est associée à une diminution dans l'efficacité de la transmission neuromusculaire. En d'autres mots, quand les niveaux d'acétylcholine sont faibles, votre SNC a plus de difficulté à activer les unités motrices.

2. **Facteurs psychologiques :** La perception d'épuisement ou d'inconfort à l'exercice peut mener à une fin de série prématurée. Ceci est particulièrement vrai chez les débutants qui ne sont pas habitués à la douleur d'un entraînement intense. Subconsciemment ou non, l'individu diminue sa production de force à mesure que la série devient inconfortable. Ceci n'est évidemment pas une cause « acceptable » d'échec chez les athlètes intermédiaires et avancés, mais les débutants qui ne sont pas habitués aux entraînements intenses peuvent lentement se familiariser avec cette sensation en augmentant graduellement leur tolérance à la douleur.

3. **Facteurs métaboliques et mécaniques :** Il est bien connu qu'une augmentation de l'acidité du sang réduit la magnitude de la poussée nerveuse ainsi que tout le processus neuromusculaire. L'acide lactique et le lactate sont parfois considérés comme étant la cause de cette acidification du sang, mais ce n'est pas le cas. Le vrai coupable est l'hydrogène. Des ions hydrogène augmentent l'acidité du sang et inhibe aussi l'enzyme PFK (réduisant la capacité de produire de l'énergie à partir du glucose), interfère avec la formation des ponts d'actine-myosine (nécessaires pour que la contraction musculaire se produise) et diminue la sensibilité des la toponine aux ions calcium. Les ions potassium peuvent également jouer un rôle dans la fatigue musculaire pendant une série. Sejersted (2000) a démontré que l'activité physique intense augmente de façon significative les niveaux extracellulaires des ions potassium. L'accumulation du potassium en dehors des cellules musculaires provoque une perte de force incroyable ce qui rend l'activité musculaire plus difficile. Enfin, nous pouvons inclure des molécules de phosphates dans

l'équation. Le phosphate est un sous-produit résultant du fractionnement de l'ATP pour produire de l'énergie. Une accumulation de phosphates diminue la sensibilité du réticulum sarcoplasmique aux ions calcium. Sans entrer dans les détails, cette désensibilisation réduit la capacité de faire de bonnes contractions musculaires.

4. **Facteurs énergétiques :** La contraction musculaire requiert de l'énergie. L'entraînement en force repose d'abord et avant tout sur l'utilisation du glucose/glycogène comme source de carburant, auquel se joint le système phosphagènes (ATP-CP) qui joue également un rôle. Les réserves de glycogène intra musculaire (réserve de glucose dans le muscle) sont très limitées et peuvent s'épuiser au fur et à mesure que la séance d'entraînement progresse. Le corps peut compenser en mobilisant du glucose emmagasiné ailleurs dans le corps (mais ces quantités sont également limitées), en convertissant les acides aminés en glucose (qui est une façon moins puissante de produire de l'énergie pour des contractions musculaires intenses), ou se tourner vers les acides gras et les corps cétoniques.

Les deux dernières solutions ne peuvent fournir d'énergie aussi rapidement que le glycogène intra musculaire. Ceci a pour effet que même s'il est possible de continuer une série avec un muscle vide de glycogène, il est impossible de maintenir le même niveau d'intensité et de production de force.

Vous pouvez voir qu'il est impossible d'attribuer l'échec musculaire à un phénomène unique. Il s'agit plutôt d'un amalgame de plusieurs facteurs qui cause l'échec musculaire. Contrairement à la croyance populaire, atteindre l'échec musculaire en une série n'est pas une assurance que toutes les fibres d'un muscle donné ont été complètement épuisées et stimulées. Loin de là! L'échec peut survenir bien avant l'atteinte de la fatigue contractile. Ceci signifie que la méthode d'une seule série jusqu'à l'échec n'est pas idéale pour la croissance musculaire. Intégrée à un système d'entraînement plus complexe, elle peut avoir certains mérites, mais pas en tant que système d'entraînement autonome.

Il vient un temps où il est nécessaire d'augmenter le volume d'entraînement afin de stimuler un plus grand nombre de fibres musculaires. Souvenez-vous que de contracter une fibre musculaire ne signifie pas qu'elle a été stimulée. Pour être stimulée, une fibre musculaire doit être contractée et fatiguée (Zatsiorsky 1996).

Si l'entraînement jusqu'à l'échec ne garantit pas une stimulation complète des unités motrices dans le muscle, ne pas poursuivre une série jusqu'à l'échec musculaire (au moment où une répétition techniquement correcte ne peut pas être complétée) est encore moins efficace puisque les unités motrices à haut seuil d'activation ne seront pas aussi fatiguées et souvenez-vous qu'une fibre musculaire qui n'est pas fatiguée n'est pas pleinement stimulée! En d'autres mots, l'entraînement jusqu'à l'échec musculaire ne garantit pas une stimulation maximale des unités motrices, mais ne pas amener une série jusqu'à l'échec diminue de façon très importante l'efficacité d'une série. Ceci signifie qu'un haut volume d'entraînement sans atteindre l'échec n'est pas idéal pour une croissance musculaire maximale (mais est correcte pour les entraînements visant à développer la puissance et la force). Cela dit, l'autre bout du spectre, (faible volume mais mené jusqu'à l'échec), n'est pas idéal non plus. L'échec musculaire et le volume sont tous deux requis pour une stimulation maximale des unités motrices. Ceci ne signifie pas que vous deviez faire un très grand volume d'entraînement, mais un volume modéré de séries amenées jusqu'à l'échec est nécessaire pour la croissance musculaire maximale.

Que dire du soi-disant épuisement du SNC qui peut se produire quand vous poussez vos séries jusqu'à l'échec? Je suis daccord avec le fait que, pour obtenir des améliorations de façon continue, il faut éviter de brûler/surentraîner le SNC (aussi appelé *Central Fatigue Syndrome*). Je comprends la théorie qui sous-tend le fait d'éviter de se rendre jusqu'à l'échec : se rendre à l'échec augmente l'implication du système nerveux puisque, quand la fatigue se fait sentir de plus en plus (accumulation de métabolites et diminution des substrats énergétique), il doit travailler encore plus fort pour activer les dernières unités motrices à haut seuil d'activation. L'argument est que nous devrions minimiser l'entraînement qui exige énormément au système nerveux.

Cependant, la plupart de ceux qui adoptent la théorie de « ne pas se rendre jusqu'à l'échec » sont souvent des adeptes des charges lourdes et/ou de l'entraînement en explosion, deux approches qui sont aussi exigeantes (si non plus) pour le système nerveux que d'atteindre l'échec.

Pourquoi sont-ils contre une méthode neurale intense mais pour une autre? Le système nerveux est un système capable de s'adapter tout comme le reste de notre corps et il peut devenir plus efficient pour stimuler des contractions musculaires lorsqu'il est entraîné adéquatement. Bien que le syndrome de fatigue centrale soit un véritable problème, on l'observe très rarement, voire presque jamais, chez les culturistes ou individus s'entraînant pour augmenter leur masse musculaire.

Évidemment, nous pouvons souffrir de fatigue du SNC après une séance d'entraînement (tout comme nos muscles sont fatigués également), mais le corps peut récupérer. L'épuisement des neurotransmetteurs peut devenir un vrai problème par contre. Utiliser un supplément comme le Power Drive de Biotest peut aider en augmentant les niveaux d'acétylcholine et de dopamine.

Points importants

1, L'échec musculaire n'est pas une indication que toutes les fibres musculaires d'un muscle ont été pleinement stimulées.

2. L'échec musculaire peut se produire à cause de facteurs nerveux, psychologiques, métaboliques ou énergétiques.

3. Une quantité modérée de travail jusqu'à l'échec est requise pour une stimulation complète des unités motrices d'un muscle.

PRINCIPE 5
Inclure un peu de plyométrie pour entraîner le système nerveux

Introduction

L'entraînement en plyométrie, aussi connu comme entraînement-choc, fut développé par Yuri Verkhoshansky en 1977. L'objectif de cette méthode est d'augmenter la puissance et la production de force concentrique en stimulant les muscles et réflexes au moyen d'étirements-chocs précédant la portion positive du mouvement. Pour y arriver, il faut se laisser tomber d'une hauteur prédéfinie (habituellement, entre 0,4 m et 0,7 m, même si des hauteurs allant jusqu'à 1.1m ont déjà été utilisées par des athlètes très avancés) afin de produire une activation d'étirement puissante, pour ensuite sauter aussi haut que possible immédiatement après avoir touché le sol.

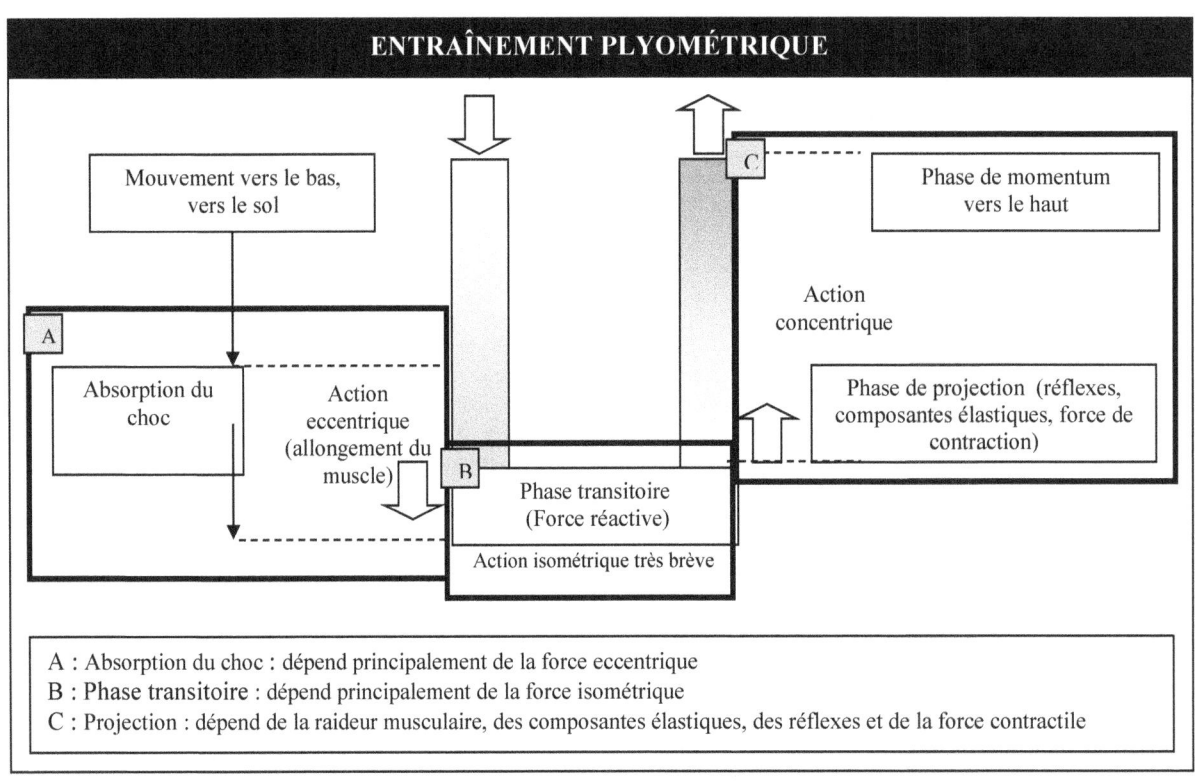

Les études provenant de l'Ouest comme de l'Est démontrent hors de tout doute que la plyométrie, ou entraînement-choc, peut augmenter de façon significative la production de puissance lors de mouvements concentriques explosifs. Ceci est dû aux facteurs suivants :

1. **Une augmentation de la force réactive:** La force réactive fait référence à la capacité de passer rapidement d'une action eccentrique à une action concentrique. Un manque de force réactive mènera à un temps de transition plus long, et, conséquemment, une production de force et de puissance moindre pendant la portion concentrique du mouvement. (Kurz 2001).

2. **Adaptations neurales:** Viitasalo et coll. (1998) ont découvert une réponse neurale différente entre des athlètes faisant beaucoup de sauts et des individus non entraînés lors de sauts en hauteur mesurés. Les sauteurs pouvaient activer davantage d'unités motrices pendant le mouvement (EMG plus grand) et planifier la commande motrice plus rapidement (préaction EMG plus grande et plus rapide). Kyröläinen et coll. (1991) à aussi découvert que 16 semaines d'entraînement au *depth jump* (où l'on mesure è quelle « profondeur » un athlète descend avant de sauter) menaient à une meilleure efficacité. Schmidtbleicher (1987 et 1982) à découvert que les sujets entraînés étaient capables d'utiliser l'énergie cinétique produite pendant la portion eccentrique d'un *depth jump*, alors que les chez les sujets non entraînés cette période eccentrique avait plutôt un rôle d'inhibition plutôt que de potentialisation! Finalement, Walshe et coll. (1998) ont conclut que la supériorité de l'entraînement au *depth ju*mp comparativement à l'entraînement au saut régulier était due à « *l'atteinte d'un état de muscle plus actif* » signifiant que la portion eccentrique rapide du mouvement augmente l'activation du muscle.

3. **Adaptations structurelles :** L'entraînement en choc à la réputation de provoquer des courbatures et dommages musculaires (Horita et coll. 1999). Ceci est compréhensible puisque la force eccentrique produite est très élevée, même si elle est rapide. Ceci peut être une indication que la plyométrie est un stimulus puissant pour provoquer des adaptations structurelles. Cependant, les *depth jumps* ne mènent pas à une croissance musculaire significative. La nature de ces adaptations structurales suite au *depth jumping* n'est pas de nature quantitative, mais qualitative : <u>une amélioration de la force et de la capacité contractile de chacune des fibres musculaires.</u>

L'entraînement en plyométrie est soumis aux mêmes règles qui régissent l'efficacité d'utiliser un pré étirement rapide du muscle avant de faire une action concentrique. Pour cette raison, tout ce qui a été dit au chapitre traitant du principe 3 s'applique à l'entraînement en plyométrie.

Pour ceux d'entre-vous qui sont surtout intéressés à augmenter votre masse musculaire, le principal bénéfice de la plyométrie est d'augmenter la capacité du SNC d'activer les unités motrices à haut seuil d'activation aussi rapidement que possible pendant la partie initiale du mouvement positif/concentrique ainsi que d'entraîner les fibres musculaires à « faire feu » rapidement.

Types de travail en plyométrie
Il existe deux principaux types de protocoles en plyométrie : la plyo de faible intensité et la plyo de haute intensité. La plyométrie de haute intensité a un effet plus profond sur le système nerveux, mais elle peut également être une source de stress pour les articulations, tendons et ligaments. En tant que tel, ce genre de plyométrie ne devrait pas être utilisé pour plus de 4 semaines d'affilée. La plyo de faible intensité n'est pas aussi exigeante pour le SNC et ne provoquera pas de dommage aux articulations; elle peut donc être utilisée beaucoup plus souvent que la version à haute intensité. L'effet d'entraînement ne sera pas aussi prononcé, mais vous activerez tout de même les unités motrices à haut seuil d'activation.

Plyométrie de haute intensité
Ceci est la forme de plyométrie qui est aussi appelée entraînement-choc. Elle réfère au *depth jump* (et ses variantes) et le *depth push-ups* (et ses variantes). Le principe de base est de se tenir sur une surface surélevée et de vous laisser tomber. Dès que vos pieds ou vos mains touchent le sol, vous bondissez vers le haut (propulsion) aussi haut que possible (voir image page suivante).

La littérature soviétique nous donne les règles suivantes pour s'exercer au *depth jump* :

1. La position des articulations en prenant contact avec le sol devrait être aussi près que possible d'une action sportive importante (Laputin et Oleshko 1982).

2. La phase d'absorption devrait être assez courte pour éviter de perdre l'énergie élastique produite, mais assez longue pour que l'étirement-choc se produise (Laputin et Oleshko 1982). Les recherches démontrent que l'énergie élastique générée par le contact au sol est emmagasinée pendant environ 2 secondes. Donc, en théorie, vous avez une période de 2 secondes entre le contact au sol et le rebond. Cependant, pour maximiser l'effet d'entraînement, vous ne devriez pas demeurer au sol plus qu'une seconde.

3. La hauteur de la chute devrait être régie par le niveau de préparation de l'athlète. Les talons ne devraient pas toucher le sol lors du contact avec ce dernier. S'ils le font, c'est que la hauteur de la chute est trop importante (Laputin et Oleshko 1982). Une hauteur variant entre 0,5 m et 0,7m semble être l'idéal pour la plupart des athlètes de force et de puissance (Roman 1986).

4. Les *depth jumps* ont un effet d'entraînement très prononcé, le volume de travail devrait donc être faible; c'est-à-dire pas plus que 4 séries de 10 répétitions (ou un total de 40 sauts répartis sur davantage de séries), 2 à 3 fois par semaine pour les athlètes avancés et 3 séries de 5-8 répétitions (ou un total de 15-24 sauts répartis sur davantage de séries), et

1-2 fois par semaine pour les athlètes moins avancés (Laputin et Oleshko 1982). Le problème avec plusieurs entraîneurs et athlètes est qu'ils ne ressentent pas le *depth jumping* comme difficile; ce n'est pas très fatigant comparativement à d'autres types d'entraînement. À cause de cela, ils utilisent souvent un volume trop élevé de *depth jumps*.

Plyométrie de faible intensité

Ce type d'entraînement fait référence à tout ce qui peut être considéré comme faisant partie des sauts normaux. Pour le haut du corps, nous pouvons également inclure dans cette catégorie le lancer du ballon médical.

Points importants

---

1. La plyométrie produit un effet d'entraînement sur le système nerveux, sur les réflexes musculaires et sur les muscles/tendons eux-mêmes.

2. Pour ceux principalement intéressés à augmenter leur masse musculaire, l'avantage principal de la plyométrie est d'augmenter l'activation des unités motrices à haut seuil d'activation.

3. La plyométrie de faible intensité peut être faite pendant de longues périodes alors que la plyométrie de haute intensité devrait être limitée à des blocs de 2-4 semaines.

PRINCIPE 6
Inclure une bonne quantité de travail unilatéral

Introduction

Dans le monde de la science du sport, un phénomène très intéressant est souvent négligé quand il est question d'entraînement pour augmenter au maximum la masse musculaire. Ce phénomène est appelé le déficit bilatéral (DBL) et fait référence au fait que normalement, vous ne pouvez pas produire autant de force quand les deux membres contre latéraux font un exercice simultanément que lorsque chaque membre est travaillé individuellement et que les deux forces sont additionnées. Par exemple, la somme de votre force maximale à l'extension de la jambe (*leg extension*) sera inférieure à la somme de la force de votre jambe droite ajoutée à celle de votre jambe gauche lorsqu'elles travaillent individuellement.

Pour les besoins de notre discussion, comprenez que les exercices bilatéraux réfèrent aux mouvements où les mêmes membres des deux côtés font la même tâche au même moment. N'importe quel exercice avec une barre est un mouvement bilatéral, les exercices avec haltères quand les deux membres font le même mouvement sont également bilatéraux. Les exercices faits sur des machines, appareils ou poulies alors que les deux membres sont impliqués simultanément sont également bilatéraux. Les exercices unilatéraux sont ceux où chaque côté est travaillé individuellement ou en alternance (par exemple, une fente avant, un *step-up*, une extension de jambe, une flexion de jambe, flexion des bras alternée aux haltères, presse pour épaules alternée aux haltères, etc.)

L'importance du déficit bilatéral varie selon le niveau d'entraînement de l'athlète : les débutants ont un DBL plus grand (ils sont bien moins efficients dans les mouvements impliquant les deux membres) alors que les athlètes avancés ont un DBL moins élevé. L'expérience d'entraînement peut également jouer un rôle puisque les athlètes s'entraînant surtout avec des exercices bilatéraux n'auront pas un DBL aussi important que les athlètes qui font rarement ce genre d'entraînement. La longueur des membres joue également un rôle dans ce phénomène : les individus avec des membres plus longs ont habituellement un déficit bilatéral beaucoup plus grand.

Finalement, les individus qui possèdent un système nerveux très efficient (efficace pour activer les fibres musculaires à haut seuil d'activation) auront un déficit bilatéral moindre, et, dans certains cas, des athlètes possédant un SNC très efficient et qui passent tout leur temps d'entraînement à faire des exercices bilatéraux (haltérophiles olympiques et dynamophiles, par exemple) peuvent arriver à une facilitation bilatérale au lieu d'un déficit.

Le DBL peut être attribué aux mécanismes de contrôle nerveux (Howard & Enoka 1991) et une activation diminuée des unités motrices à haut seuil d'activation (Vandervoort et coll. 1984). En d'autres mots, les individus ayant un important DBL ne pourront pas stimuler la croissance aussi bien s'ils n'utilisent que des mouvements bilatéraux puisqu'ils auront plus de difficulté à activer les unités motrices à haut seuil d'activation.

Points importants

1. Il est plus difficile pour le corps d'activer les unités motrices à haut seuil d'activation pendant les exercices bilatéraux que pendant les exercices unilatéraux. Plus le DBL est grand, plus cet effet sera prononcé.

2. Les athlètes débutants qui ont un système nerveux inefficient, ainsi que les individus qui ont les membres plutöt longs ont habituellement un déficit bilatéral plus grand, ce qui rend l'activation des unités motrices à haut seuil d'activation plus difficile pour eux lors des exercices bilatéraux.

3. Au fur et à mesure qu'un individu progresse et devient plus efficace à activer les unités motrices à haut seuil d'activation, le DBL diminue graduellement alors que leur capacité d'activer lesdites unités motrices pendant le travail bilatéral augmente.

Application à l'entraînement

Il semble maintenant évident que le travail unilatéral devrait faire partie d'un bon programme d'entraînement. Ceci est important surtout avec les débutants, les gens qui ont les membres plutôt longs ainsi que ceux qui ont un système nerveux inefficient. Les athlètes avancés et ceux qui ont un SNC déjà très efficace n'ont pas besoin de faire autant de travail unilatéral, quoiqu'il devrait quand même faire partie de leur programme d'entraînement.

Nous devrions éviter de tomber dans l'extrême cependant. Le travail unilatéral est excellent, mais ceci ne signifie pas que vous deviez laisser tomber le travail bilatéral! L'entraînement bilatéral diminue le déficit bilatéral avec le temps, mais ce n'est pas le cas du travail unilatéral (Janzen et coll. 2006). Donc si un individu cesse tout entraînement bilatéral, il ne réduira jamais son DBL. Les débutants et individus aux longs membres devraient incorporer d'avantage de travail unilatéral pour pouvoir activer plus d'unités motrices à haut seuil d'activation tout en tentant de corriger leur déficit bilatéral avec des mouvements bilatéraux.

Points importants

1. Les débutants et les individus avec de longs membres devraient inclure d'avantage de travail unilatéral pour stimuler pleinement les unités motrices à haut niveau d'activation tout en incorporant du travail bilatéral pour chaque groupe musculaire afin de corriger le déficit bilatéral. En d'autres mots, un débutant désirent corriger son déficit bilatéral devrait inclure davantage de travail unilatéral afin de tout de même stimuler la croissance musculaire au maximum.

2. Avec l'expérience, le SNC d'un athlète deviendra plus efficient à activer les unités motrices à haut seuil d'activation de sorte que son déficit bilatéral diminuera. Ils peuvent augmenter la quantité de travail bilatéral et diminuer la quantité de travail unilatéral (tout en le gardant tout de même dans leur programme).

PRINCIPE 7
Inclure un peu de travail instable pour activer le système nerveux

Introduction

Un autre sujet controversé lorsqu'il est question de croissance musculaire est l'utilisation d'exercices instables, mouvements dont la base de support est instable qui aurait, en théorie, le potentiel d'augmenter l'activation musculaire tentant ainsi d'arriver à une stabilité adéquate au niveau des articulations et du mouvement (Lehman et coll. 2006). Donc en théorie, il semble que l'entraînement instable pourrait augmenter l'activation musculaire provoquée par une plus grande demande au SNC afin de stabiliser les articulations rendues instables par la surface qui sert de base de support. Toujours en théorie, ceci pourrait vouloir dire qu'un exercice instable pourrait améliorer la capacité du système nerveux d'activer certains muscles. Faire des pompes (*push-ups*) les mains sur un ballon d'exercice augmente de façon significative l'activation du triceps comparativement à un *push-up* régulier (22 % d'activation pour le mouvement stable, 43% pour le mouvement instable). Lors du *push-up* instable, les changements au niveau de l'activation du pectoral était positifs mais sans être statistiquement significatif (21% d'activation pour l'exercice stable contre 26,6% pour l'exercice instable) ceci démontre néanmoins une tendance vers une activation supérieure avec cet exercice (Lehman et coll. 2006). Cependant, quand les pompes étaient exécutées avec les pieds sur un ballon d'exercice au lieu de sur les mains, aucune différence ne fut notée en terme d'activation musculaire. Ceci pourrait sembler indiquer que pour augmenter l'activation des muscles du haut du corps, la surface instable devrait être sous les mains et non pas sous les pieds. Il semblerait également que plus un muscle se trouve près de la source d'instabilité, plus le potentiel d'activation est grand alors qu'un muscle se trouvant plus loin de la source d'instabilité n'est pas aussi affecté.

Cela étant dit, un des arguments contre l'utilisation de mouvements instables est que la production de force pendant l'exécution de ces exercices est plus faible comparativement à des exercices similaires exécutés dans un environnement stable (Anderson et Behm, 2001). Comme nous avons vu précédemment, la production de force est l'un des facteurs les plus importants en ce qui concerne l'activation des unités motrices à haut niveau d'activation. Il est donc possible qu'une technique menant à une production de force moindre puisse diminuer l'efficacité d'un exercice.

L'entraînement sur surface instable a été grandement utilisé pour des fins de réhabilitation et de prévention des blessures avec un certain succès. Naughton et coll. (2005) ont découvert que les exercices pour le haut du corps exécutés dans un environnement instable sont efficaces pour améliorer la proprioception de l'articulation de l'épaule. Cependant, l'application de ce genre d'entraînement n'est pas encore bien comprise lorsqu'il est question de croissance musculaire. Il semble exister deux camps bien distincts en matière d'utilisation d'exercices instables : ceux qui font pratiquement tout dans un environnement instable et ceux qui n'utilisent jamais cette méthode. Très peu de gens se trouvent au carrefour de ces deux approches, et encore plus rares sont ceux qui font une utilisation logique de cette technique.

Points importants

1. Les exercices instables peuvent augmenter l'activation neuromusculaire des muscles qui tentent de stabiliser le corps.

2. Les exercices de force instables (soulever des poids sur une surface instable) mènent à une production de force moindre ce qui pourrait nuire à l'activation des unités motrices à haut niveau d'activation.

3. Pour augmenter l'activité musculaire, la surface instable devrait être sous les mains pour le haut du corps et sous les pieds pour le bas du corps (toute forme d'instabilité augmente l'activation des muscles du tronc).

4. Plus un muscle est près de la source d'instabilité, plus son activation sera grande.

Application correcte de l'entraînement instable

Laissez-moi être clair : l'entraînement instable ne peut pas stimuler autant de croissance musculaire que le même entraînement exécuté dans un environnement stable. La diminution de la production de force ne permettra pas d'activation maximale des unités motrices. Utiliser des versions instables d'exercices de musculation pour s'entraîner ne semble donc pas très à propos.

La raison principale pour laquelle nous utilisons l'entraînement instable est d'augmenter l'activité du SNC, soit pour « réveiller » ce dernier, en quelque sorte, qui devra travailler encore plus fort pour maintenir une stabilité adéquate pendant tout le mouvement. Donc, quand vous faites un mouvement instable, assurez-vous de bien le faire afin de préparer adéquatement le système nerveux à travailler de façon optimale pendant les exercices réguliers : le SNC sera potentialisé par l'entraînement instable, ce qui permettra une activation supérieure des unités motrices lors d'exercices subséquents.

Le secret d'une application correcte de l'entraînement instable lorsque la croissance musculaire est l'objectif premier est de l'utiliser en tant qu'activateur du SNC. Comme tel, l'exercice instable devrait toujours précéder un exercice stable dont les muscles impliqués et structures du mouvement sont identiques ou à peu près (par exemple : des *push-ups* avec les mains sur un ballon d'exercice avant de faire ds séries de développé couché aux haltères). Ceci peut être fait en supersérie (une série instable, aucun repos, une série stable), en alternant (une série instable, une période de repos, une série stable) ou comme méthode autonome faisant partie d'un entraînement conventionnel. Dans ce dernier cas, les exercices instables devraient être faits au début de l'entraînement. Cependant, la meilleure option pour une stimulation maximale de croissance musculaire semble être la méthode des superséries ou d'alterner les deux (instable d'abord, stable ensuite).

Vous n'avez pas à utiliser les exercices instables pour chaque partie de votre corps ou pour chaque type de mouvement, mais cela peut s'avérer un outil génial pour débloquer un groupe musculaire récalcitrant. Un groupe musculaire est souvent récalcitrant dû à un manque d'activation du SNC, donc l'utilisation de l'entraînement instable pourrait aider à résoudre ce problème.

De plus, notez que pour être instable, un exercice ne doit pas nécessairement être fait sur une surface instable. Le simple fait de réduire la base de support (par exemple, des fentes avant faites sur la pointe des pieds, des accroupissements sur une seule jambe, le soulevé de terre roumain à une seule jambe, etc.) peut faire l'affaire.

Points importants

1. L'entraînement instable devrait être utilisé pour activer le système nerveux avant de faire des exercices de renforcements standards.

2. Vous n'avez pas à utiliser une surface instable pour rendre un exercice instable : vous pouvez simplement réduire la base de support, augmentant ainsi le besoin d'équilibre.

PRINCIPE 8
Optimiser le ratio travail-repos

Introduction

Bien que la quantité et la qualité du travail exécuté soient toutes deux très importantes pour stimuler au maximum la croissance musculaire, l'importance du ratio travail-repos ne doit pas être sous-estimé non plus. Ce ratio joue un rôle énorme quand vient le temps d'initier le processus d'adaptation et aura ainsi un effet important sur la quantité de muscle que vous pourrez ajouter à votre charpente.

Il existe plusieurs « niveaux » au ratio travail-repos chacun d'eux joue un rôle dans l'entraînement :

1. **Ratio travail-repos pendant une série**
2. **Densité d'entraînement**
3. **Ratio hebdomadaire travail-récupération**

Ratio travail-repos pendant une série
Ceci fait référence à la proportion de temps où vos muscles sont sous tension maximale pendant une série. Par exemple, si une série dure 40 secondes et que les muscles sont tendus au maximum pendant 24 de ces secondes, le ratio de cette série serait 62,5 %. En d'autres mots, vos muscles seraient tendus au maximum 62,5 % du temps alors que pour le 37,5 % qui reste, ils seraient soit relâchés ou tendus moins qu'au maximum parce que vous faites une pause entre les séries, descendez la charge sans contracter vos muscles au maximum ou soulevez une charge sans essayer de générer autant de force que possible. Si vous vous entraînez pour gagner un maximum de masse musculaire, vous devriez tenter d'arriver à un ratio aussi près du 100 % que possible.

Ceci signifie ne pas prendre de pause entre les répétitions, toujours tendre vos muscles aussi fort que possible pendant la portion eccentrique du mouvement et toujours soulever la charge en appliquant autant de force/accélération que possible. Cela signifie aussi d'éviter de décharger les muscles. La décharge se produit quand le poids n'est pas supporté par les muscles, mais par la structure squelettique (par exemple, barrer les bras en extension à la fin du développé couché). Donc, pendant des mouvements de presse, accroupissement, presse à jambes, etc. vous devriez arrêter juste avant la fin du mouvement pour éviter de barrer les membres et vous assurer que les muscles sont sous tension.

Densité d'entraînement

La densité fait référence au ratio du travail par unité de temps pendant un entraînement. Si vous vous entraînez activement 30 minutes pendant un entraînement de 70 minutes, votre densité est environ de 43 %. En d'autres mots, vous vous entraînez réellement pendant 43 % du temps et vous vous reposez 57 % du temps. Pour les gains en hypertrophie, vous devriez tenter d'augmenter votre densité autant que faire se peut sans devoir diminuer la qualité de chacune des séries. Combien de repos devez-vous prendre? Je ne peux vous donner de réponse exacte puisque ceci est tributaire du muscle entraîné, de la sélection des exercices et de votre niveau de conditionnement. Néanmoins, vous ne devriez pas attendre d'avoir pleinement récupéré avant de refaire une autre série. Tout d'abord, vous devriez tenter de contracter une dette d'oxygène importante après chacune des séries, donc vous devriez avoir le souffle court après une série. Plus votre respiration est profonde et forte après une série, plus c'est productif (pour les gains en masse musculaire). Évidemment, vous aurez une dette d'oxygène supérieure après une série d'accroupissements qu'une série de flexion des bras aux haltères, mais vous devriez tout de même tenter d'atteindre une dette d'oxygène aussi grande que possible. Vous ne devriez pas attendre que votre respiration se normalise avant de faire une autre série. Un repos incomplet est en fait souhaitable : commencez une nouvelle série alors que votre respiration est encore légèrement haletante. La fatigue cumulative est très importante pour la croissance musculaire. La dette d'oxygène et la production de lactate sont deux facteurs qui mènent à l'augmentation de la production d'hormone de croissance et ont ainsi un effet positif non seulement sur la perte de gras, mais aussi sur la croissance musculaire.

Ratio hebdomadaire travail-récupération

Ceci fait référence à la fréquence d'entraînement comparativement aux mesures de récupération employées. Bien simplement, plus vous vous entraînez un groupe musculaire sans dépasser vos capacités de récupération, et plus vous le faites souvent, plus vos gains en masse musculaire seront importants. Ceci signifie que vous pouvez entraîner un muscle très souvent (3 fois et plus par semaine) en utilisant un faible volume d'entraînement, souvent (2 fois par semaine) avec un volume modéré, ou de façon non fréquente (une fois semaine) avec un volume élevé. Dans la plupart des cas, la seconde option (entraîner chaque muscle 2 fois par semaine avec un volume modéré) est la meilleure solution. Ce ratio travail-récupération est également influencé par la qualité de votre nutrition : vous ne récupérerez pas aussi rapidement si vous êtes en déficit énergétique, de sorte que vous ne pourrez pas vous entraîner aussi souvent en une semaine. Par exemple, si vous êtes en déficit calorique, vous ne pourrez peut-être vous entraîner que 4 fois semaines alors que si vous consommiez un surplus calorique, vous pourriez probablement faire 6 entraînements hebdomadaires. Enfin, ce ratio hebdomadaire peut être influencé par votre capacité de travail. Si vous avez une grande tolérance au travail physique intense, (les mésomorphes et méso endomorphe qui ont une solide expérience en entraînement), vous pourrez tolérer des séances d'entraînement plus fréquentes ou un volume quotidien plus grand que quelqu'un qui possède une faible capacité de travail. Comme vous voyez, il est difficile de recommander un ratio travail-repos hebdomadaire universel, mais en règle générale, vous devriez tenter d'augmenter la quantité de travail que vous faites chaque semaine à mesure qu'augmente votre expérience d'entraînement ainsi que votre capacité de travail.

Points importants

---

1. Tentez de toujours maximiser le ratio travail-repos pendant la série elle-même en évitant les pauses entre les répétitions, en vous assurant de bien tendre vos muscles au maximum pendant la phase eccentrique du mouvement, et en générant autant de force/accélération que possible pendant la portion concentrique de chaque répétition.

2. Tentez de contracter une dette d'oxygène après chaque série. Une dette d'oxygène est un bon signe que vous avez travaillé près de votre limite et que la série a été productive.

3. Essayez de ne pas récupérer complètement entre vos séries. Attendez assez longtemps pour pouvoir fournir un bon effort, mais pas suffisamment pour que vous puissiez retrouver une respiration normale.

4. Commencez en entraînant chaque groupe musculaire 2 fois semaines en utilisant un volume modéré. Selon votre apport nutritionnel et votre type corporel, vous devriez diviser le volume d'entraînement hebdomadaire en 4-6 séances. Moins vous consommez de calories, moins vous devriez faire de séances.

Exemples de bonnes divisions d'entraînements hebdomadaires

Bien que je suggère d'entraîner chaque groupe musculaire deux fois par semaine, (et d'ajuster la fréquence selon la façon dont votre corps réagit) le nombre précis de séances par semaine dépend de votre tolérance au stress physique, votre apport nutritionnel et votre niveau de stress découlant d'autres activités non reliées à l'entraînement. Évidemment, moins vous devez subir de stress et mieux vous êtes nourris, plus vous pourrez faire de séances par semaine.

Les individus avec une capacité de récupération idéale (niveau de stress faible, excès calorique, très bonne tolérance au travail physique) peuvent s'entraîner 5 ou 6 fois par semaine. Pour eux, n'importe laquelle des divisions suivantes peut être utilisée :

Division option 1
Jour 1: Quadriceps et poitrine
Jour 2: Dos et ischiojambiers
Jour 3: Épaules et bras
Jour 4: Poitrine et quadriceps
Jour 5: Ischiojambiers et dos
Jour 6: Bras et épaules
Jour 7: REPOS

Division option 2
Jour 1: Poitrine et dos
Jour 2: Quadriceps et ischiojambiers
Jour 3: Épaules et bras
Jour 4: Dos et poitrine
Jour 5: Ischiojambiers et quadriceps
Jour 6: Bras et épaules
Jour 7: REPOS

Division option 3
Jour 1: Poitrine, triceps et épaules
Jour 2: Quadriceps et ischiojambiers
Jour 3: Dos et biceps
Jour 4: Poitrine, triceps et épaules
Jour 5: Ischiojambiers et quadriceps
Jour 6: Dos et biceps
Jour 7: REPOS

Division option 4
Jour 1: Poitrine, quadriceps et épaules
Jour 2: Dos et biceps
Jour 3: Ischiojambiers et triceps
Jour 4: REPOS
Jour 5: Quadriceps, poitrine et triceps
Jour 6: Dos et biceps
Jour 7: REPOS

Les individus dont la situation favorise la récupération, (niveaux de stress modérés, apport calorique suffisant, bonne capacité de travail physique), ceci inclut la majorité de la population, devraient s'entraîner 4 fois par semaine. Les divisions suivantes sont adéquates pour ce genre de fréquence d'entraînement :

Division option 5
Jour 1: Quadriceps, poitrine et triceps
Jour 2: Ischiojambiers, dos et biceps
Jour 3: REPOS
Jour 4: Poitrine, quadriceps, épaules et triceps
Jour 5: REPOS
Jour 6: Dos, ischiojambiers et biceps
Jour 7: REPOS

Division option 6
Jour 1: Bas du corps
Jour 2: Haut du corps
Jour 3: REPOS
Jour 4: Bas du corps
Jour 5: REPOS
Jour 6: Haut du corps
Jour 7: REPOS

Les individus dont la situation n'est pas favorable à une bonne récupération (niveau de stress élevé, déficit calorique sévère et faible capacité de travail physique) ne devraient s'entraîner que 3 fois par semaine. La division suivante est adéquate pour ce type de fréquence

<u>Division option 7</u>
Jour 1: Corps en entier
Jour 2: REPOS
Jour 3: Bas du corps
Jour 4: REPOS
Jour 5: Haut du corps
Jour 6: REPOS
Jour 7: REPOS

La chose importante à garder à l'esprit est que vous devriez tenter d'entraîner chaque groupe musculaire deux fois par semaine (certains groupes musculaires qui reçoivent beaucoup de stimulation indirecte, comme les épaules, ne devraient être entraînés qu'une seule fois par semaine) et que le nombre total de séances d'entraînement hebdomadaires dépendra de votre capacité de récupération.

PRINCIPE 9
Sélectionner les exercices les plus efficaces pour chaque groupe musculaire

Introduction

Pour stimuler la croissance musculaire au maximum, vous devriez sélectionner les meilleurs exercices pour chaque groupe musculaire ciblé. Bien que ceci puisse sembler évident, très peu d'information est disponible à ce sujet et, quand nous trouvons enfin ce genre d'information, nous nous rendons vite compte qu'il s'agit en fait des préférences personnelles de l'auteur/*coach*. Le fait qu'une certaine autorité en matière d'entraînement suggère un certain mouvement n'est pas une garantie que le mouvement soit efficace. Afin de faire une bonne sélection d'exercices, nous devons comprendre quels principes gouvernent l'activation des muscles; nous devons également considérer l'objectif de l'exercice. Lorsqu'il est question de bâtir de la masse musculaire, nous avons trois catégories de mouvements :

1. Exercices d'activation : mouvements visant à augmenter l'activation nerveuse, rendant le système nerveux plus efficace pour activer les groupes musculaires choisis. Ce genre d'exercices ne stimulera pas énormément (voire pas du tout) d'hypertrophie, mais ils rendront tous les autres mouvements subséquents beaucoup plus efficaces. Ces mouvements sont utilisés ni plus ni moins comme de réveille-matin pour le système nerveux. Les exercices instables se classent dans cette catégorie.

2. Exercices de potentialisation: La potentialisation se traduit par « augmenter la puissance/potentiel ». Ces exercices partagent un objectif similaire aux exercices d'activation en ce sens qu'ils augmentent l'efficacité neurale. Cependant, leur effet se fait principalement au niveau des unités motrices à haut niveau d'activation ainsi qu'au niveau du SNC en augmentant sa capacité d'activer lesdites unités motrices. Les mouvements explosifs et la plyométrie sont les genres d'exercices principaux de cette catégorie. Tout comme pour les précédents, ces exercices ne sont pas des bâtisseurs de muscles, (quoiqu'ils soient tout de même plus efficaces pour se faire que les exercices d'activation vus précédemment), mais ils augmenteront l'efficacité de tout entraînement subséquent.

3. Exercices de stimulation : Ces exercices sont notre pain et notre beurre : la base! Les mouvements qui provoqueront le maximum de croissance musculaire. Pour être efficace, un exercice de stimulation doit graviter autour de la fonction du muscle qui est ciblé; il doit y avoir une certaine logique biomécanique. L'exercice devrait également inclure un étirement avec charge pour le groupe musculaire ciblé : un muscle étiré pendant la phase concentrique est un muscle activé pendant la phase concentrique. Un exercice au cours duquel le muscle n'est pas étiré ne stimulera pas un maximum de croissance musculaire.

Sélection d'exercices

Dans cette section, je vous présente les exercices d'activation, de potentialisation et de stimulation les plus efficaces pour chacun des groupes musculaires. Une sélection d'exercice adéquate est la première étape vers l'élaboration d'un programme d'entraînement efficace. Ensuite, l'application des principes exposés dans ce livre lors de l'exécution de chacun des exercices assurera que vous faites le maximum pour stimuler la croissance musculaire. Alors sans plus de préambule, voici les meilleurs exercices pour chaque groupe musculaire.

Exercices d'activation pour la poitrine

Tel que mentionné plus haut, lorsque vous utilisez l'instabilité pour augmenter l'activation des fibres musculaires, cette surface instable devrait être sous les mains. Rendre le bas du corps et le tronc instable (soit en ayant les pieds sur un ballon d'exercice ou en étant assis dessus) alors que le haut du corps est stable n'augmentera pas l'activation du pectoral. Le tronc sera instable, mais ce n'est pas l'effet que nous recherchons ici.

Exercice 1. Pompes mains sur ballon d'exercice

(*Push up hands on one swiss ball*)

Point (s) important (s) : Allez aussi bas que possible, mais ne touchez pas le ballon avec votre poitrine, ceci enlèverait de la tension destinée aux pectoraux. À la position haute, contractez vos pectoraux et détendez le haut de votre dos (pour permettre le glissement latéral des omoplates).

Exercice 2. Pompes mains sur deux ballons d'exercice

(*Push up hands on two swiss balls*)

Point(s) important(s): Allez aussi bas que possible, mais ne touchez aucun des deux ballons avec votre poitrine, ceci enlèverait de la tension destinée aux pectoraux. À la position haute, contractez vos pectoraux et détendez le haut de votre dos (pour permettre le glissement latéral des omoplates).

Exercice 3. Pompes mains sur deux *wobble boards*
(*Push up hands on two wobble boards*)

Point(s) important(s): À la position haute, contractez vos pectoraux et détendez le haut de votre dos (pour permettre le glissement latéral des omoplates).

Exercice 4. Pompes mains sur ballon d'exercice, support sur une seule jambe
(*Push up hands on a swiss ball, single-leg support*)

Point(s) important(s): Identique au mouvement précédent, mais gardez les hanches dans leur alignement naturel pendant tout le mouvement.

Exercice 5. Pompes mains sur deux ballons d'exercice, support sur une seule jambe
(*Push up hands on two swiss balls, single-leg support*)

Point(s) important(s): Identique au mouvement précédent, mais gardez les hanches dans leur alignement naturel pendant tout le mouvement.

Exercice 6. Pompes mains sur deux *wobble boards*, support sur une seule jambe
(*Push up hands on two wobble boards, single-leg support*)

Point (s) important (s): À la position haute, contractez vos pectoraux et détendez le haut de votre dos (pour permettre le glissement latéral des omoplates). Gardez les hanches dans leur alignement naturel pendant tout le mouvement.

Exercice de potentialisation pour la poitrine

Ces exercices incluent les mouvements balistiques pour la poitrine. Nous pouvons utiliser des ballons médicaux, des barres ou notre propre poids de corps comme source de résistance. L'objectif est de projeter la source de résistance.

Exercice 7. Lancé du ballon médical à partir de la poitrine
(*Medicine ball throw from chest*)

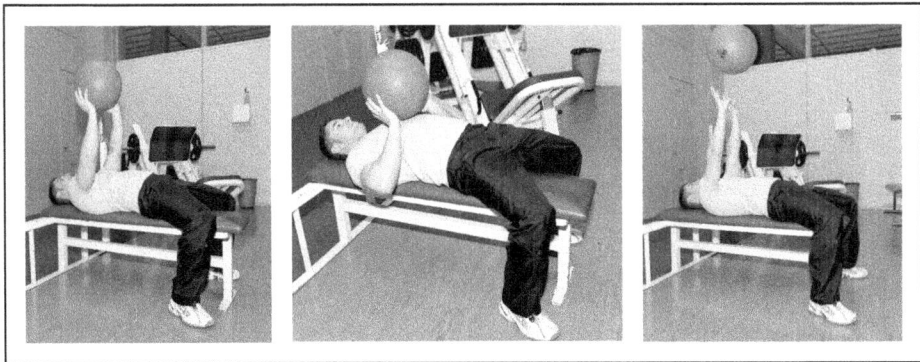

Point (s) important (s): L'aspect le plus important de cet exercice est de projeter le ballon avec autant de puissance que possible. Cependant, même si votre objectif principal est de lancer le ballon haut, vous devriez tout de même focaliser sur le fait de contracter vos pectoraux en lançant le ballon dans les airs.

Exercice 8. Pompe en puissance
(*Power push up*)

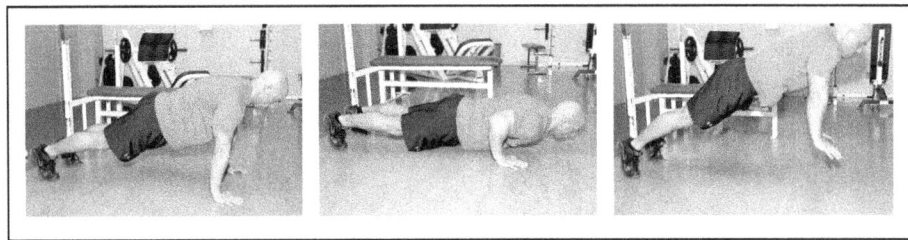

Point (s) important (s): L'aspect le plus important de cet exercice est de projeter votre corps vers le haut le ballon avec autant de puissance que possible. Si vous avez des problèmes à faire ce mouvement avec suffisamment de puissance et d'explosion, vous devriez commencer avec le prochain exercice et revenir à celui-ci quand votre niveau de force-vitesse sera suffisant.

Exercice 9. Pompe en puissance inclinée
(*Incline power push up*)

Point (s) important (s): Cet exercice est le même que le précédent, mais le niveau de difficulté est légèrement moins élevé ce qui permettra aux individus moins puissants (ou plus lourds) de faire cet exercice correctement.

Exercice 10. Développé couché explosif à la Machine Smith.
(*Bench throws in Smith machine*)

Point (s) important (s): Le point le plus important est de propulser la barre avec autant de puissance que possible. Cependant, même si votre objectif principal est de lancer la barre haut, vous devriez tout de même focaliser sur le fait de contracter vos pectoraux. Utilisez environ 20-30 % de votre max pour cet exercice.

Exercice 11. *Depth push-up*

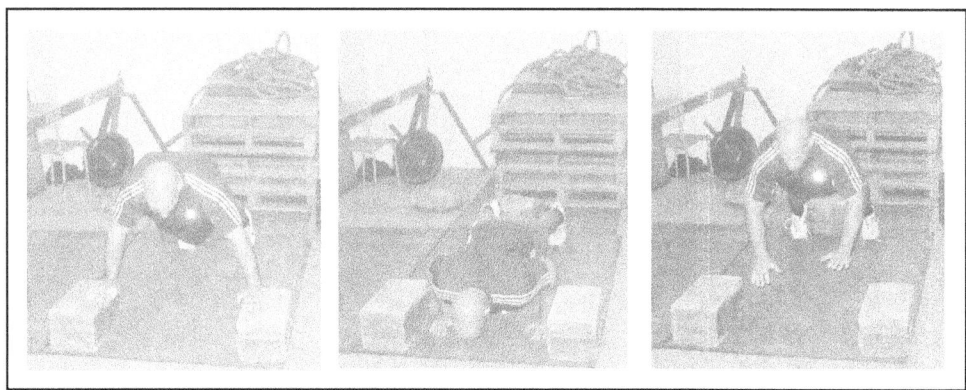

Point(s) important(s): L'aspect le plus important de cet exercice est de projeter votre corps vers le haut avec autant de puissance que possible. Un autre facteur très important est de minimiser au maximum le temps où vous êtes en contact avec le sol; dès que vos mains touchent le sol, propulsez-vous immédiatement vers le haut. Ceci signifie de prendre contact avec le sol alors que les bras sont déjà fléchis plutôt que de le faire avec les bras tendus pour ensuite les fléchir.

Exercice 12. Pompe en puissance pour le corps entier
(*Whole-body power push-up*)

Point(s) important(s): Cet exercice est très similaire au *power pushups* avec la différence que vous projetez votre corps entier dans les airs. Ceci requiert une excellente stabilité du tronc ainsi que beaucoup de force au niveau des hanches.

Exercice 13. *Depth push-up* en puissance pour le corps entier
(*Whole-body depth power push- up*)

Point(s) important(s):
Cet exercice est similaire au *depth push-up* sauf qu'en prenant contact avec le sol, vous projetez tout votre corps dans les airs, pas uniquement votre tronc.

Exercices de stimulation pour la poitrine
Pour bien stimuler les muscles pectoraux et ainsi les faire croitre de façon optimale, nous devons sélectionner des exercices qui vous permettront de focaliser sur ce muscle et de l'étirer sous une charge. Souvenez-vous du troisième principe que nous avons couvert : prenez avantage d'un pré étirement sous une charge. Pour ce faire, une presse avec bloc (*board press*, mouvement utilisé par les *powerlifters*) est adéquate et vous aidera à augmenter votre force au développé couché, mais c'est loin d'être un bon exercice de poitrine.

Exercice 14. Développé couché incliné aux haltères
(*Incline dumbbell press*)

Point(s) important(s): Gardez la poitrine gonflée et ressortie autant que possible (ceci vous permettra d'étirer vos muscles davantage à la position basse). Rabaissez les haltères tout en gardant les coudes aussi déployés et loin du corps que possible pour étirer le pectoral au maximum et soulevez les haltères. Ne tournez pas les haltères en les soulevant, ce n'est pas nécessaire et potentiellement dangereux. Ne frappez pas les haltères ensemble, mais rapprochez-les aussi près que possible.

Exercice 15. Développé couché incliné aux haltères prise marteau
(*Incline hammer dumbbell press*)

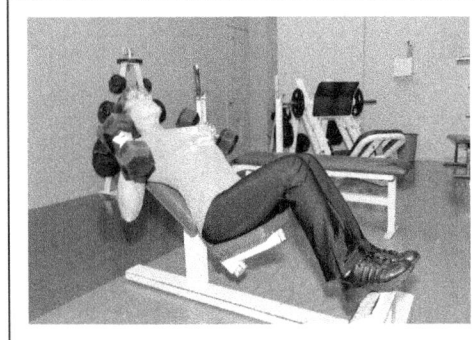 

Point (s) important (s): Même si vous utilisez une prise marteau-neutre, tentez tout de même de déployer vos coudes, ne les laissez pas s'approcher trop près de votre corps puisque ceci implique davantage le triceps que le pectoral. Ne tournez pas les haltères en les soulevant, ce n'est pas nécessaire et potentiellement dangereux. Ne frappez pas les haltères ensemble, mais rapprochez-les aussi près que possible.

Exercice 16. Développé couché aux haltères
(*Dumbbell bench press*)

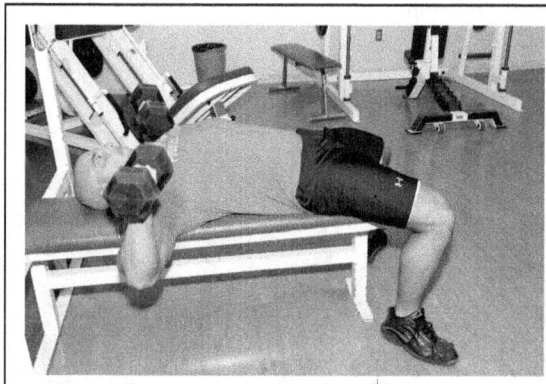

Point (s) important (s):

Gardez la poitrine gonflée et ressortie autant que possible (ceci vous permettra d'étirer vos muscles davantage à la position basse). Rabaissez les haltères tout en gardant les coudes aussi déployés et loin du corps que possible pour étirer le pectoral au maximum et soulevez les haltères. Ne tournez pas les haltères en les soulevant, ce n'est pas nécessaire et potentiellement dangereux. Ne frappez pas les haltères ensemble, mais rapprochez-les aussi près que possible.

Exercice 17. Développé couché décliné aux haltères
(*Decline dumbbell press*)

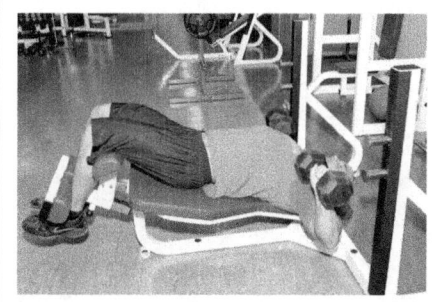

Point (s) important (s): Gardez la poitrine gonflée et ressortie autant que possible (ceci vous permettra d'étirer vos muscles davantage à la position basse). Rabaissez les haltères tout en gardant les coudes aussi déployés et loin du corps que possible pour étirer les muscles au maximum et soulevez les haltères. Ne tournez pas les haltères en les soulevant, ce n'est pas nécessaire et potentiellement dangereux. Ne frappez pas les haltères ensemble, mais rapprochez-les aussi près que possible. Plus vos épaules sont dominantes, plus la déclinaison devrait être importante.

Exercice 18. Développé couché alterné aux haltères à partir de la position haute
(*Alternate DB bench press from high position*)

Point (s) important (s): Vous entraînez un membre à la fois. En faisant le mouvement avec votre bras droit, le bras gauche demeure tendu (mais pas barré). Changez de bras à chacune des répétitions. Cet exercice peut être fait en tant qu'exercice de stimulation ou de potentialisation si un poids assez léger est utilisé et que suffisamment de répétitions rapides sont faites pour une période de temps prescrite.

Exercice 19. Écarté décliné

(*Decline flies*)

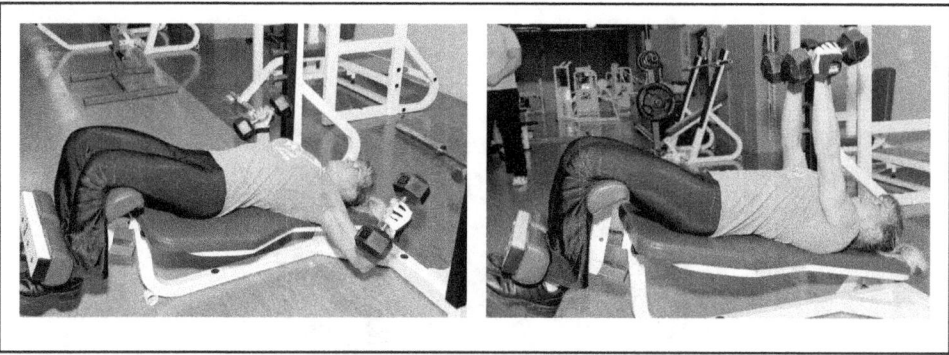

Point (s) important (s): Comme avec les autres mouvements pour la poitrine, il est important de garder celle-ci gonflée et ressortie autant que possible et de déployer les coudes pour étirer les pectoraux. En position basse, fléchissez les bras à un angle de 90 degrés afin d'étirer la poitrine au maximum tout en minimisant le stress à l'articulation du coude. Note : peut aussi être exécuté avec deux poulies basses.

Exercice 20. Écarté couché

(*Flat flies*)

Point (s) important (s): Comme avec les autres mouvements pour la poitrine, il est important de garder celle-ci gonflée et ressortie autant que possible et de déployer les coudes pour étirer les pectoraux. En position basse, fléchissez les bras à un angle de 90

degrés afin d'étirer la poitrine au maximum tout en minimisant le stress à l'articulation du coude. Note : peut aussi être exécuté avec deux poulies basses.

Exercice 21. Écarté unilatéral à la poulie
(*Unilateral cable cross-over*)

Point (s) important (s): J'aime cette variante puisqu'elle comporte une composante posturale plus grande que la version à deux bras. Vous devez réellement contracter les fessiers et obliques pour maintenir une position stable. Tentez de toujours étirer au maximum en position haute, position où vous fléchirez les coudes légèrement pour minimiser le stress aux coudes.

Exercice 22. Écarté bilatéral haut-bas à la poulie
(*High-to-low cable cross-over*)

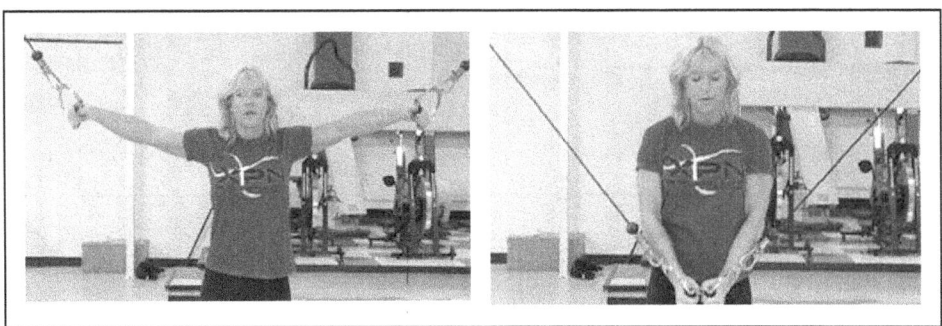

Point(s) important(s): Gardez le tronc droit pendant le mouvement (ne fléchissez pas vers l'avant). Étirez au maximum à la position haute et ramenez les bras vers le bas, vers les hanches.

Exercice 23. Écarté haut-haut à la poulie
(*High-to-high cable cross-over*)

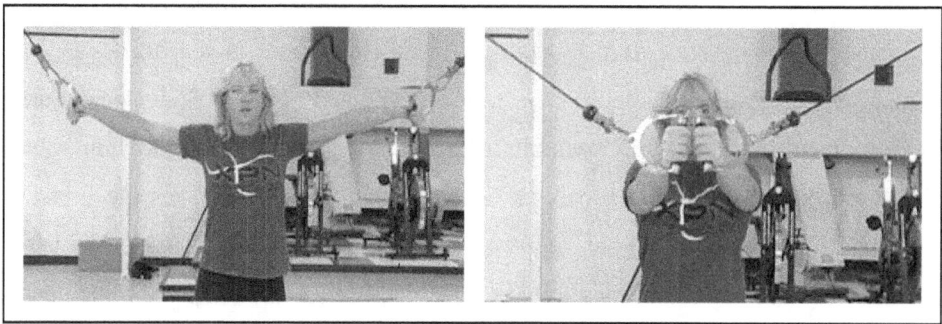

Point (s) important (s): Gardez le tronc droit pendant le mouvement (ne fléchissez pas vers l'avant). Étirez au maximum en fin de phase eccentrique et ramenez les bras devant votre visage. À la fin de la phase concentrique, poussez vers l'avant pour obtenir une contraction maximale des pectoraux.

Exercice 24. Développé couché décliné
(*Decline bench press*)

Point(s) important(s): Comme pour les variations avec haltères de cet exercice, gardez la poitrine gonflée et ressortie et les coudes déployés tout en descendant la barre. Il est important d'amener la barre vers le milieu de votre poitrine (ou le haut de celle-ci) afin d'étirer au maximum. La plupart des gens veulent utiliser des charges trop lourdes sur cet exercice et ramènent la barre vers la portion basse de la poitrine afin de pouvoir soulever des charges plus lourdes, mais ceci ne stimule pas les pectoraux de façon optimale.

Quoi… pas de développé couché?!

Comme vous avez probablement remarqué, je n'ai pas inclus le développé couché régulier dans ma liste de meilleurs exercices. La raison en est simple : le développé couché régulier est un exercice de pectoraux plutôt médiocre pour la plupart des gens. J'ai rarement vu quelqu'un qui focalise ses efforts au *bench press* qui avait également un bon développement au niveau des pectoraux. La plupart du temps, ces individus ont d'excellents triceps et/ou deltoïdes, mais un développement de poitrine très incomplet. Les meilleurs *bench presseurs* ont habituellement des pectoraux sous-développés (comparativement aux autres muscles utilisés pour pousser), à moins qu'ils n'incluent également de meilleurs exercices pour la poitrine dans leur programme.

Exercices d'activation pour le dos

Il n'existe pas tellement d'exercices d'activation pour le dos, pas autant que pour la poitrine. Les exercices de tir exécutés avec les pieds sur un ballon d'exercice. Contrairement à ce que plusieurs pensent, ce genre d'exercice est également excellent pour stimuler la croissance.

Exercice 25. Tirage inversé avec prise en pronation
(*Inverted row with a pronation grip*)

Point (s) important (s): Étirez votre dos complètement en position basse. Focalisez vraiment sur l'étirement de votre dos, non pas sur vos bras. Gardez les hanches, pieds et épaules alignés pendant tout le mouvement.

Exercice 26. Tirage inversé avec prise en supination
(*Inverted row with a suppination grip*)

Point (s) important (s): Étirez votre dos complètement en position basse. Focalisez vraiment sur l'étirement de votre dos, non pas sur vos bras. Gardez les hanches, pieds et épaules alignés pendant tout le mouvement.

Exercices de potentialisation pour le dos
Tout comme pour les deux précédents exercices d'activation pour le dos, les exercices de potentialisation peuvent stimuler beaucoup de croissance musculaire par eux-mêmes. Ils reposent soit sur la vitesse d'exécution (concentrique explosif) ou sur des mouvements complexes pendant lesquels la stabilité est importante.

Exercice 27. Tirage alterné au sol avec haltères Hex
(*Alternate floor Hex DB row*)

Point (s) important (s): Gardez le tronc stable et droit en contractant les obliques et les fessiers, ne laissez pas les hanches descendre vers le plancher, mais ne les gardez pas excessivement dans les airs non plus. Évitez de tourner le tronc et les hanches pendant une série. Utilisez des charges légères et des répétitions rapides pour en faire un exercice de potentialisation, et des charges lourdes pour stimuler la croissance.

Exercice 28. Tirage alterné au sol avec *kettlebell*
(*Alternate floor kettlebell row*)

Point (s) important (s): Gardez le tronc stable et droit en contractant les obliques et les fessiers, ne laissez pas les hanches descendre vers le plancher, mais ne les gardez pas excessivement dans les airs non plus. Évitez de tourner le tronc et les hanches pendant une série. Utilisez des charges légères et des répétitions rapides pour en faire un exercice de potentialisation, et des charges lourdes pour stimuler la croissance.

Exercice 29. Tirage alterné debout avec haltère

(*Alternate standing DB row*)

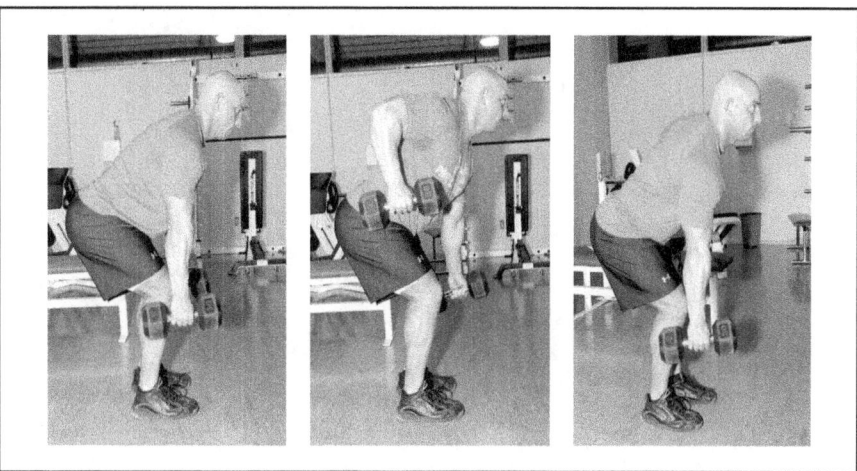

Point (s) important (s): Gardez le bas du dos arqué et les abdos contractés. Évitez de tourner le tronc et les hanches pendant une série. Utilisez des charges légères et des répétitions rapides pour en faire un exercice de potentialisation, et des charges lourdes pour stimuler la croissance.

Exercices 30a. et 30b. Épaulé debout ou à partir de blocs

(*Power clean from blocks or from hang*)

Point (s) important (s) : Gardez une position corporelle dite « de plage » (poitrine ressortie) pendant toute la série. Gardez la barre près du corps. Explosez vers le haut en utilisant le dos, les trapèzes et les jambes. Si vous n'avez pas accès à un entraîneur et que vous ne connaissez personne de suffisamment compétent pour vous aider en matière de mouvement olympique, je vous suggère de choisir d'autres mouvements de potentialisation.

Exercice 31a. et 31b. Arraché à partir de blocs ou à partir de la position debout
(*Power snatch from blocks or from hang*)

Point (s) important (s): Gardez une position corporelle dite « de plage » (poitrine ressortie) pendant toute la série. Gardez la barre près du corps. Explosez vers le haut en utilisant le dos, les trapèzes et les jambes. Si vous n'avez pas accès à un entraîneur et que vous ne connaissez personne de suffisamment compétent pour vous aider en matière de mouvement olympique, je vous suggère de choisir d'autres mouvements de potentialisation.

Exercices de stimulation pour le dos
Tel que je l'ai déjà expliqué, les exercices d'activation et de potentialisation pour le dos peuvent être utilisés comme exercices de stimulation si la charge est ajustée en conséquence. Cependant, il existe plusieurs autres excellents exercices pour le dos, surtout. Pour être précis, il existe trois types de mouvements pour le dos : tirage horizontal, tirage vertical et les mouvements de « *pullover* ». Ces trois types de mouvements incluent un seul et même dénominateur commun : afin d'être efficaces au maximum, les muscles du dos doivent être étirés complètement avant de faire la portion concentrique de tout mouvement impliquant le dos.

Vous devez étirer / « ouvrir » le dos, en quelque sorte, et pas les épaules ni les biceps. Souvenez-vous que le muscle qui est étiré le plus est celui qui sera le plus activé.

Exercice 32 Tirage avec haltère à un bras
(*1-arm dumbbell rowing*)

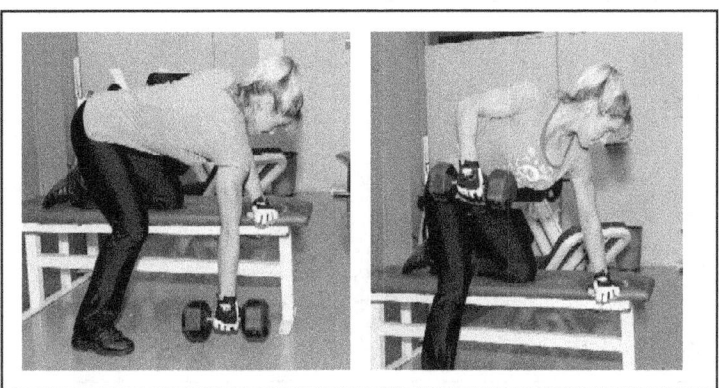

Point (s) important (s): Étirer/ouvrir le dos arrivé en fin de phase négative. L'haltère devrait être en ligne avec l'épaule. Tirez là ensuite vers la hanche en focalisant sur les muscles de votre dos. Vous remarquerez la façon dont les coudes peuvent être soulevés haut sans que le bras ne soit fléchi pour plus de 90 degrés. Si le bras fléchissait davantage, les fléchisseurs du bras recevraient la grande partie de la stimulation, pas le dos.

Exercice 33. Tirage avec haltères, poitrine supportée
(*Chest-supported DB rowing*)

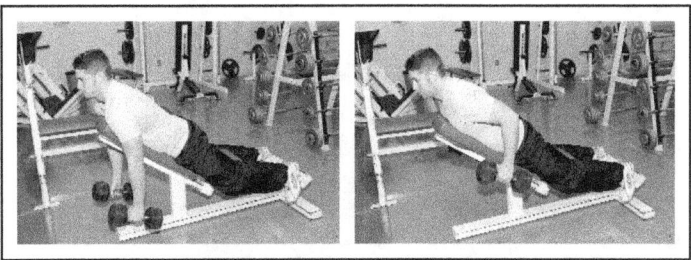

Point (s) important (s): Les mêmes points sont à surveiller ici que pour l'exercice 32 : étirez le dos, tirez vers les hanches, ne fléchissez pas le bras plus que 90 degrés.

Exercice 34. Tirage en coin
(*Corner rowing*)

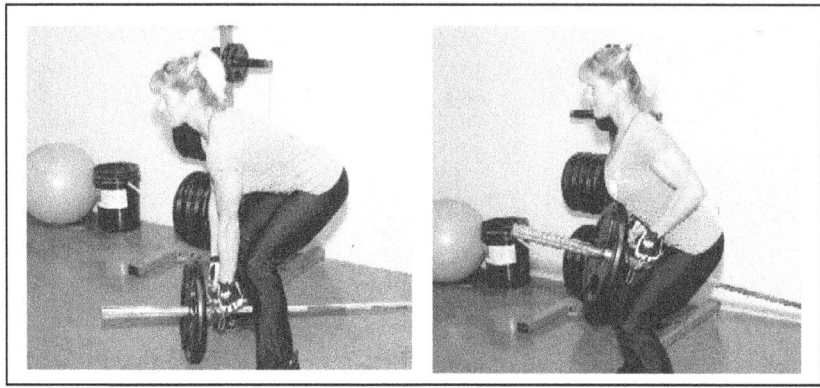

Point (s) important (s): J'adore cet exercice car il est à peu près impossible de trop tirer avec les bras compte tenu de l'amplitude de mouvement limitée ainsi que l'angle de tir comme tel. Si vous focalisez véritablement sur le fait de délier votre dos en position basse et ramener vos épaules l'une vers l'autre en fin de contraction concentrique vous aurez un excellent développement de votre dos en général avec cet exercice.

Exercice 35. Tirage vertical au câble
(*Rope lat pulldow*)

Point (s) important (s): Voici un mouvement qui couvre de la façon la plus complète la fonction du grand dorsal. Ouvrez le dos pour commencer et tirez sur le câble vers vos hanches, en évitant encore de fléchir les coudes plus que 90 degrés. Focalisez véritablement sur le fait d'amener les épaules vers le bas et vers l'arrière.

Exercice 36. Tirage vertical à la poulie haute bras tendus prise en pronation
(*Straight-arm pulldown pronation grip*)

Point(s) important(s): Gardez le tronc en position anatomique correcte (ne fléchissez pas vers l'avant). Étirez les grands dorsaux en position haute et ramenez la poignée vers le bas, vers votre bassin. En position basse, tentez de ramenez vos épaules autant que possible vers le bas et vers l'arrière.

Exercice 37. Tirage vertical à la poulie haute bras tendus prise neutre
(*Straight-bras pulldown neutral grip*)

Point (s) important (s): Les commentaires donnés pour l'exercice #36 s'appliquent également à celui-ci.

Exercice 38. Tirage vertical à un bras à la poulie haute
(*1-arm pulldown*)

Point (s) important (s): Non, Carl (dans la photo) n'est pas en train de mal faire ce mouvement. En position haute, nous désirons étirer le grand dorsal, mais pas le biceps. Le coude est fléchi volontairement pour minimiser l'intervention du biceps. Ceci est particulièrement vrai avec cet exercice puisque les fléchisseurs des bras tenteront de dominer le mouvement davantage que pour plusieurs autres exercices pour le dos. Donc, la clé est d'étirer les grands dorsaux autant que possible est de tirer les coudes vers le bas et vers l'arrière pendant que vous tirez.

Exercice 39. Tirage croisé à la poulie basse
(*Low-pulley cross rowing*)

Point (s) important (s): Le premier point important est d'ouvrir (étirer) le dos à la position de départ et de presser les omoplates l'un contre l'autre en position pleinement contractée. Le second point est de fléchir les coudes au minimum pendant le tir (pour minimiser l'implication du biceps).

Exercice 40. Tirage croisé à la poulie haute

(*Low-pulley cross rowing*)

Point (s) important (s): Mêmes que pour l'exercice 39.

Exercice 41. Traction à la barre

(*Chin up*)

Point (s) important (s): Plusieurs voient cet exercice comme étant le roi des exercices pour le dos et lorsqu'il est bien exécuté, il s'agit en effet d'un exercice très efficace. Cependant, très peu de gens savent comment le faire correctement; plusieurs ne stimulent pas suffisamment leur dos et tirent de façon trop importante avec les bras. De plus, certains ont une mauvaise technique et utilisent le momentum en balançant la charge. Si vous êtes capable de bien faire ce mouvement, et transférant la plus grande partie du stress sur les muscles du dos, dans ce cas de grâce incluez-le dans votre programme. Sinon, il est de loin préférable pour vous d'inclure un autre exercice.

Exercice 42. Tirage vertical à la poulie haute tronc droit
(*Lat pulldown torso straight*)

Point(s) important(s): Vous devriez ramener vos coudes vers vos côtes. À moins d'être très flexible ou d'avoir de très longs membres, vous ne pourrez pas toucher vos côtes. Par contre, ça peut être un excellent signal technique pour transférer le stress aux grands dorsaux plutôt que sur les rhomboïdes, les deltoïdes postérieurs et les bras. Le tronc devrait demeurer parfaitement droit pendant toute la série.

Exercice 43. Tirage vertical poulie haute penché vers l'arrière

(*Lat pulldown leaning back*)

Point (s) important (s): Cette variante place un peu plus de stress sur les rhomboïdes. Les points importants de l'exercice précédent s'appliquent à celui-ci.

Exercice 44. Tirage horizontal assis poulie basse à la mi-poitrine

(*Seated row to mid pec line*)

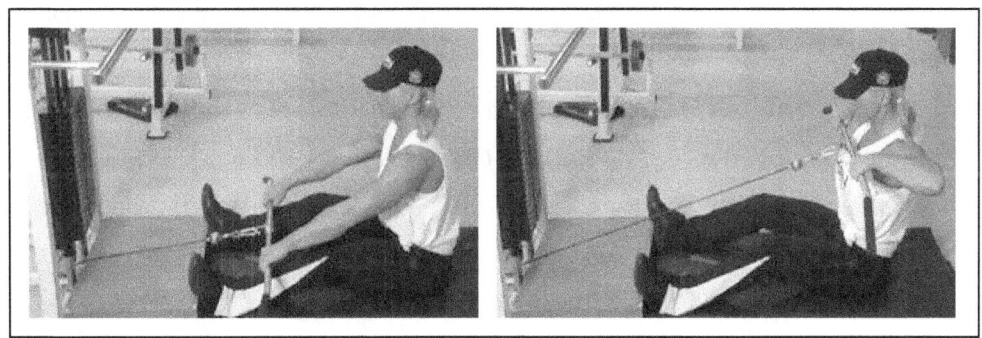

Point (s) important (s): Étirez/ouvrez le dos au début du mouvement et tirez vers le milieu de la poitrine. Concentrez-vous sur le fait de ramener les épaules loin vers l'arrière et de contracter le haut du dos.

Exercice 45. Tirage vertical buste penché à la barre

(*Bent over barbell rowing*)

Point (s) important (s): Certains n'aiment pas ce mouvement parce que a) il n'est pas exécuté correctement (balancement et momentum, tir avec les bras, etc.) ou b) implique le bas du dos de façon trop importante. Bien que ces deux points soient valides, si la technique est correcte et que le bas du dos est en santé, cet exercice sera très efficace pour augmenter la masse musculaire du haut du dos. Il permet un étirement complet du haut du dos au début du mouvement, ce qui, comme vous le savez, est très important. Vous devriez tirer la barre vers votre nombril, en rentrant les coudes vers l'intérieur et en contractant le haut du dos pour ramener les omoplates l'un vers l'autre. Bien que vous deviez tenter d'accélérer la charge pendant la portion concentrique du mouvement, n'utilisez pas le momentum généré par les jambes ou le bas du dos.

Exercice 46. Tirage horizontal à un bras à la poulie basse

(*1-arm low-pulley rowing*)

Point (s) important (s): Bien étirer le haut du dos à la position de départ.

Exercice d'activation pour biceps

Lorsque vient le temps d'améliorer l'activation du biceps par le système nerveux, nous pouvons utiliser soit une surface instable ou un exercice au cours duquel le biceps agit à la fois comme stabilisateur et comme muscle principal. Afin qu'un exercice instable soit efficace pour augmenter l'activation du biceps, la source d'instabilité devrait être directement sous le bras. Faire des flexions de bras avec haltères assis sur un ballon d'exercice n'est pas un exercice d'activation pour le biceps (il s'agit plutôt d'un exercice d'activation pour le tronc / abdominaux). Comme pour le dos, les exercices d'activation sont également de bons exercices de stimulation.

<u>Exercice 47. Flexion du bras banc Scott avec barre</u>
(*1-arm barbell preacher curl*)

Point (s) important (s): Garder la barre parfaitement parallèle au plancher en tout temps. Le poignet devrait être en pleine extension ('cassé' vers l'arrière) ou neutre pour maximiser le rôle de stabilisateur du biceps.

Exercice 48. Flexion du bras debout avec barre

Point (s) important (s): Garder la barre parfaitement parallèle au plancher en tout temps. Le poignet devrait être en pleine extension ('cassé' vers l'arrière) ou neutre pour maximiser le rôle de stabilisateur du biceps. Conserver une posture correctement alignée en tout temps; évitez de transférer votre poids sur un côté ou l'autre, et ne fléchissez pas le tronc latéralement non plus.

Exercice 49. Flexion du bras sur ballon d'exercice
(*1-arm swiss ball preacher curl*)

Point (s) important (s): Plus vous avancez sur le ballon, et plus votre coude se retrouve près du sol, plus l'exercice est difficile.

Exercices de stimulation pour les biceps

Il n'y a pas réellement d'exercice de potentialisation spécifique pour les biceps. Il est toujours possible de faire des *curls* explosifs ou des *curls* avec la technique du *drop & catch* (échappe et attrape), mais c'est rarement utile pour potentialiser l'action du biceps.

Les meilleurs exercices de stimulation pour les biceps ne sont pas nombreux; comme je l'ai déjà mentionné, un exercice se voulant efficace au maximum doit vous permettre d'étirer le muscle avant de faire la phase concentrique. Il est impossible d'étirer le biceps si vous faites des flexions de bras dans une position fixe puisque l'étirement du biceps est limité par l'amplitude de mouvement permise par le coude. Afin de maximiser l'étirement du biceps, vous devez ramener l'épaule sous la charge (le biceps est également un fléchisseur de l'épaule). Notre sélection est donc plutôt limitée. Cependant, à la liste des exercices optimaux nous pouvons également ajouter quelques autres qui, quoique pas aussi efficaces, ont leur place dans un programme.

Exercice 50. Flexion des bras inclinée aux haltères
(*Incline dumbbell curl*)

Point (s) important (s): Étirez votre biceps au maximum en ramenant le bras vers l'arrière à la position de départ. En fléchissant les bras, amenez-les légèrement vers l'avant. Ne supinez pas votre prise en fléchissant les bras : commencez le mouvement avec les paumes vers le haut et terminez-le avec les paumes vers le haut. Si vous commencez le mouvement avec une prise marteau, vous étirerez davantage une portion différente du biceps (la portion externe) plutôt que celle visée par l'exercice (portion interne).

Exercice 51. Flexion des bras inclinée aux haltères prise marteau
(*Inclined hammer curl*)

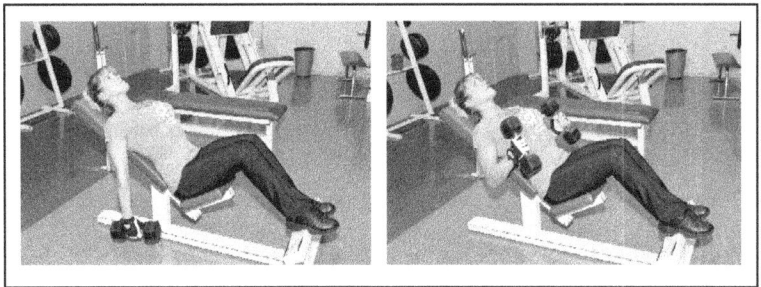

Point (s) important (s): Étirez votre biceps au maximum en ramenant le bras vers l'arrière à la position de départ. En fléchissant les bras, amenez-les légèrement vers l'avant.

Exercice 52. Flexion du bras étiré à la poulie basse
(*Low pulley stretched curl*)

Point (s) important (s): Étirez votre biceps au maximum en ramenant le bras vers l'arrière à la position de départ. En fléchissant le bras, amenez-le légèrement vers l'avant. Ne supinez pas votre prise en fléchissant les bras : commencez le mouvement avec la paume vers le haut et terminez-le avec la paume vers le haut.

Exercice 53. Flexion du bras étiré prise marteau à la poulie basse
(*Low pulley stretched hammer curl*)

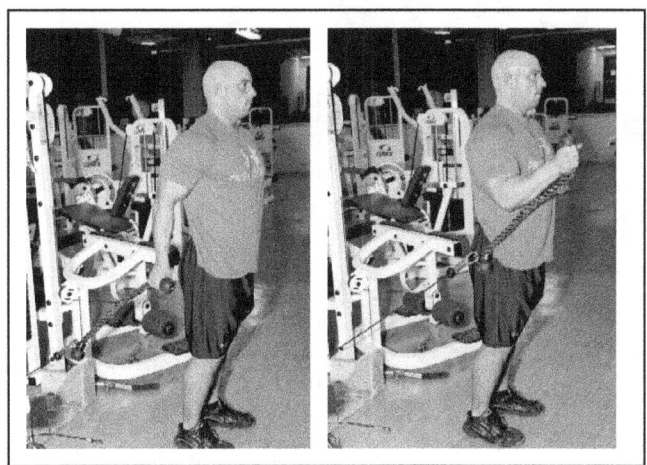

Point (s) important (s): Étirez votre biceps au maximum en ramenant le bras vers l'arrière à la position de départ. En fléchissant les bras, amenez-les légèrement vers l'avant.

Autres bons exercices de stimulation pour biceps

Exercice 54. Flexion des bras au banc Scott
(*Preacher curl*)

Point (s) important (s): Gardez les poignets en position neutre afin de placer l'emphase davantage sur le biceps. Ne laissez jamais les biceps se relâcher pendant le mouvement (contractez intensément en tout temps) pour compenser pour le manque d'étirement.

Exercice 55. Flexion des bras à la barre
(*Barbell curl*)

Point (s) important (s): Gardez les poignets en position neutre afin de placer l'emphase davantage sur le biceps. Ne laissez jamais les biceps se relâcher pendant le mouvement (contractez intensément en tout temps) pour compenser pour le manque d'étirement.

Exercice 56. Flexion à un bras à la machine Scott
(*1-arm machine preacher curl*)

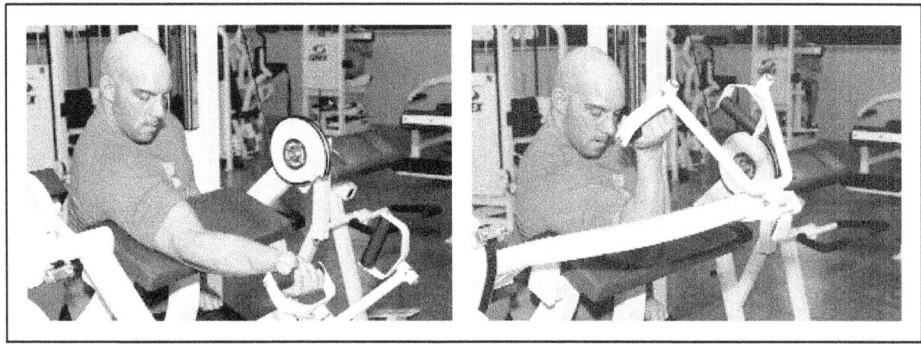

Point (s) important (s): Je ne suis habituellement pas un fanatique des appareils de musculation, mais pour un petit groupe musculaire comme le biceps, cet appareil fonctionne très bien. Je préfère la version unilatérale (à un bras); puisqu'un appareil n'est pas aussi efficient que les poids libres, la nature unilatérale du mouvement compense en augmentant l'activation musculaire.

Exercice 57. Flexion des bras à l'appareil Scott
(*Machine preacher curl*)

Point (s) important (s): Bien que je préfère la variante unilatérale de cet exercice, la version à deux bras a tout de même sa place dans un programme d'entraînement. Concentrez-vous sur une contraction intense du biceps pendant tout le mouvement et gardez les poignets fléchis vers l'arrière, ou en position neutre.

Exercices d'activation et de potentialisation pour les triceps
Les exercices d'activation et de potentialisation pour les triceps sont essentiellement les même que ceux pour la poitrine, mais la variante à observer pour les triceps est que vous gardez vos coudes près du corps.

Exercices de stimulation pour triceps
Tout comme pour le biceps, il n'existe pas énormément d'exercices optimaux. La capacité d'étirer le triceps est limitée par l'articulation du coude. Cependant, comme le triceps est également un fléchisseur de l'épaule, il est possible de l'étirer en soulevant le bras vers le plafond au début d'un mouvement pour le triceps.

Exercice 58. Extension des triceps à la barre au-dessus de la tête
(*Overhead barbell triceps extension*)

Point (s) important (s): Ammenez les coudes aussi loin que possible vers l'arrière à la position de départ. Pour certains, le manque de mobilité de l'épaule sera peut-être un problème. Si c'est votre cas, vous devriez définitivement tenter d'améliorer la mobilité de cette articulation.

Exercice 59. Extension des triceps avec haltère au-dessus de la tête
(*Overhead dumbbell triceps extension*)

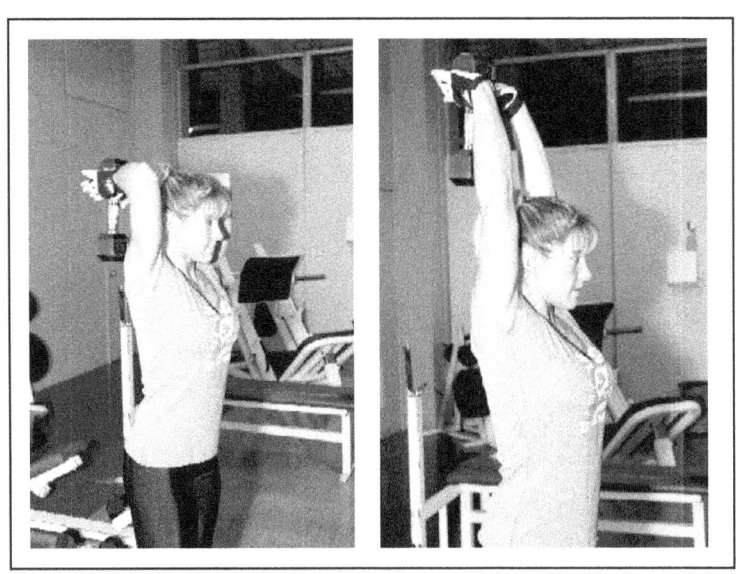

Point (s) important (s): Ammenez les coudes aussi loin que possible vers l'arrière à la position de départ. Pour certains, le manque de mobilité de l'épaule sera peut-être un problème. Si c'est votre cas, vous devriez définitivement tenter d'améliorer la mobilité de cette articulation.

Exercice 60. Extension des triceps à un bras avec haltère au dessus de la tête
(*1-arm overhead dumbbell triceps extension*)

Point (s) important (s): Tous les points s'appliquant aux deux derniers exercices sont appropriés pour celui-ci également.

Exercice 61. Extension des triceps au dessus de la tête à la poulie basse
(*Overhead low-pulley triceps extension*)

Point (s) important (s): Tous les points s'appliquant aux deux derniers exercices sont appropriés pour celui-ci également.

Exercice 62. Extension des triceps déclinée à la barre
(*Decline barbell triceps extension*)

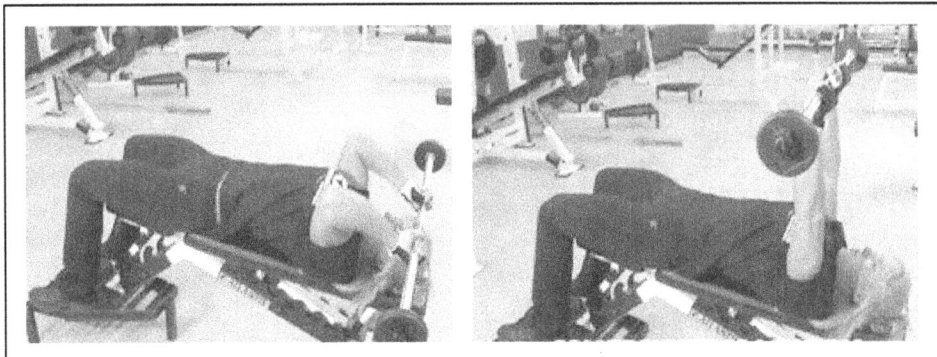

Point (s) important (s): Je préfère la version déclinée à celle à plat parce que l'angle permet d'obtenir un meilleur étirement en surcharge du triceps.

Exercice 63. Extension des triceps déclinée avec haltères
(*Decline dumbbell triceps extension*)

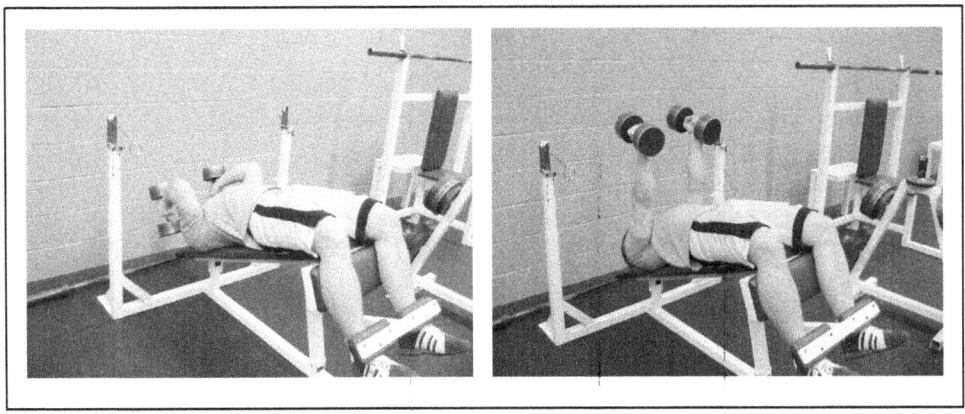

Point (s) important (s): Concentrez-vous pour étirer au maximum le triceps en amenant le bras vers l'arrière pendant la phase eccentrique.

Exercice 64. Développé couché prise rapprochée
(*Close-grip bench press*)

Point (s) important (s): Votre prise devrait être très légèrement plus étroite que la largeur de vos épaules. Gardez les coudes près du corps en tout temps.

Autres bons exercices de stimulation pour les triceps

Les exercices suivants ne sont pas aussi efficaces que les précédents puisque le volet « étirement » n'est pas aussi présent. Cependant, ce sont tout de même des exercices très efficaces qui peuvent être inclus dans un bon programme.

Exercice 65. Extention des triceps couchée avec barre
(*Flat barbell triceps extension*)

Point (s) important (s): Garder les coudes près du corps et pointant vers le plafond en position basse.

Exercice 66. Extension des triceps aux haltères.
(*Flat dumbbell triceps extension*)

Point (s) important (s): Gardez les coudes près du corps et pointant vers le plafond en fin de phase d'eccentrique.

Exercice 67. Extension des triceps au dessus de la tête à la poulie haute
(*High pulley overhead triceps extension*)

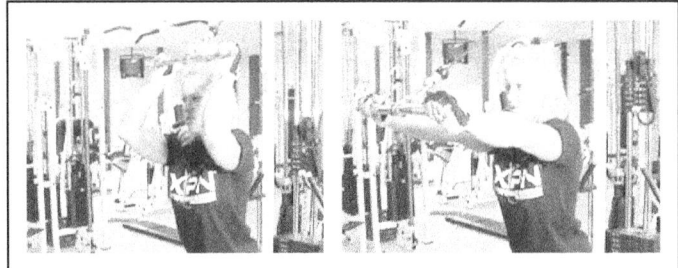

Point (s) important (s): Garder les coudes près du corps et pointant vers l'avant à la position de départ.

Exercice 68. Extension des triceps à la poulie haute
(*High pulley triceps extension*)

Point (s) important (s): Gardez le tronc droit (ne fléchissez pas vers l'avant). Les coudes devraient demeurer près du corps pendant la portion eccentrique du mouvement et vous devriez tenter de « séparer la corde » à la fin de la portion eccentrique du mouvement.

Exercice 69. Extension du triceps diagonale à un bras
(*1-arm cross-body triceps extension*)

Point (s) important (s): Garder le tronc bien aligné pendant tout le mouvement. Tentez d'étirer le triceps au début de chaque mouvement.

Exercices d'activation et de potentialisation pour les deltoïdes
Alors que les exercices utilisés pour activer les pectoraux peuvent également être utilisés pour activer les deltoïdes, je crois qu'il n'est pas nécessaire pour tous les individus d'activer les deltoïdes puisque la plupart des gens surutilisent déjà leurs épaules. Je préfère de loin le travail métabolique (qui sera décrit en détail dans le prochain chapitre) en supersérie avec un exercice de force régulier pour les épaules. Les mouvements suivants sont appropriés pour ce faire.

Exercice 70. Balancement de l'haltère

(*Dumbbell swing*)

Point (s) important (s): Cet exercice peut également être utilisé pour potentialiser les ischiojambiers et le bas du dos, mais si l'individu se concentre surtout à faire un mouvement explosif avec les bras alors les épaules feront le plus gros du travail.

Exercice 71. Balancement de l'haltère à un bras

(*1-arm dumbbell swing*)

Point (s) important (s): Pour les deux derniers exercices, la vitesse et l'explosion sont les clés. Ne soulevez pas simplement le poids du point A au point B.

Exercice 72. *Push press*

Point (s) important (s): Cet exercice, si exécuté avec une charge lourde, peut être un excellent exercice de stimulation. Cependant, pour nos besoins de potentialisation, nous utiliserons une charge modérée avec beaucoup de vitesse et de puissance. Utilisez une légère poussée des jambes pour amorcer le mouvement de la barre à partir des clavicules et poussez-la de façon explosive avec les bras et les épaules

Exercices de stimulation pour les épaules

Les deltoïdes sont souvent mal entraînés soit parce que l'athlète choisit mal ses exercices ou qu'il les fait avec une mauvaise technique. Souvenez-vous qu'afin d'être efficace au maximum, un exercice devrait comporter un étirement eccentrique en surcharge rapide et une action concentrique explosive, ou du moins l'intention d'explosion. Ce genre de conseil est souvent ignoré lorsque les gens entraînent leurs épaules. Prenez l'élévation latérale par exemple; la plupart des gens font une pause en position basse, annulant ainsi l'effet de potentialisation de l'étirement sur l'activation des unités motrices. D'autres vont descendre les haltères trop rapidement (aucun contrôle lors de la phase eccentrique). Ces deux erreurs sapent réellement l'efficacité des exercices d'élévation pour les épaules (latérales, penchées et avant). Ensuite vient la question du patron moteur lors de l'exercice. Afin de simplifier les choses, souvenez-vous de ceci : l'arrière de l'haltère devrait être plus haut que l'avant lorsque vous voulez placer l'emphase sur la portion latérale du deltoïde, et l'avant devrait être plus haut que l'arrière si vous voulez placer l'emphase sur la portion antérieure du deltoïde.

Exercice 73. Élévation latérale inclinée

(*Incline lateral raise*)

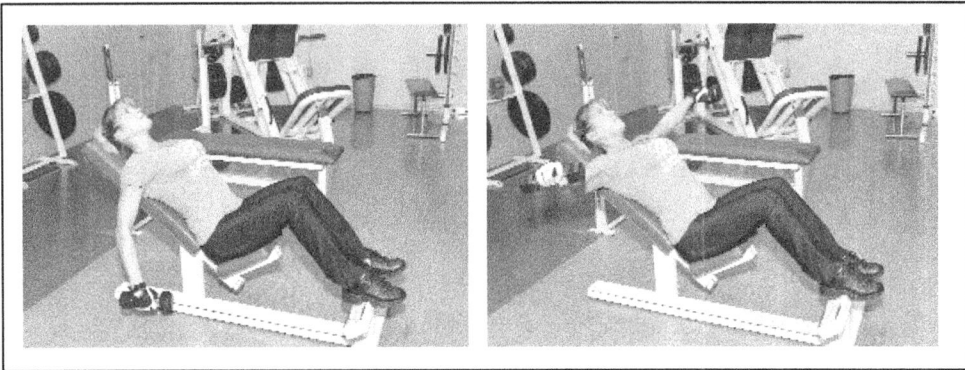

Point (s) important (s): Grâce à l'inclinaison il est possible d'étirer davantage le deltoïde en ramenant les coudes vers l'arrière et en tentant de les rapprocher l'un de l'autre en fin de phase eccentrique. Gardez l'arrière de l'haltère aligné avec l'avant de l'haltère en position haute.

Exercice 74. Élévation avant inclinée

(*Incline front raise*)

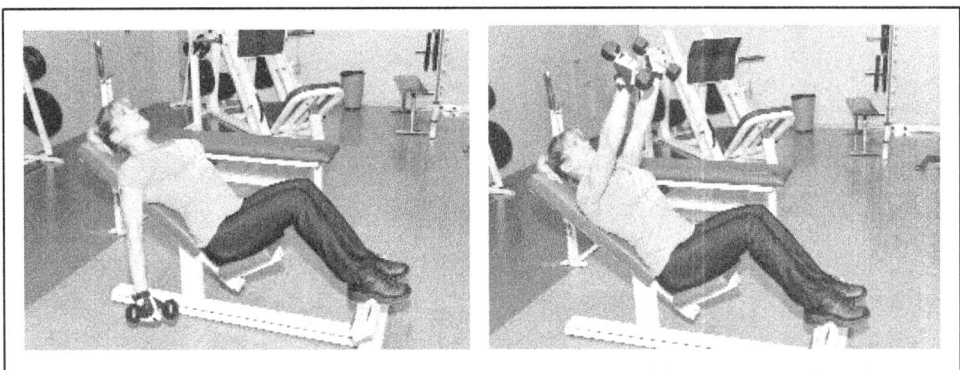

Point (s) important (s): Étirez l'avant de l'épaule en amenant les bras aussi loin vers l'arrière que possible (il n'est pas utile d'amener les bras vers l'intérieur) et en gonflant la poitrine. Soulevez les haltères en pointant les pouces vers le plafond.

Exercice 75. Élévation latérale derrière le dos

(*Behind the back cable lateral raise*)

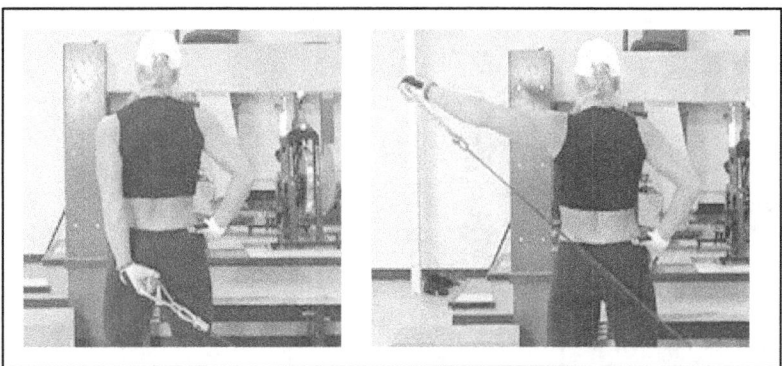

Point (s) important (s): Étirez les épaules en amenant le bras vers l'arrière et vers le centre du corps. Gardez l'arrière de la main aligné avec le devant de la main à la position haute. Les gens avec une mobilité de l'épaule insuffisante peuvent utiliser la variante « devant le corps », quoique cette variante soit un peu moins efficace puisque l'étirement au niveau d el'épaule est moindre.

Exercice 76. Élévation avant derrière le dos

(*Behind the back cable front raise*)

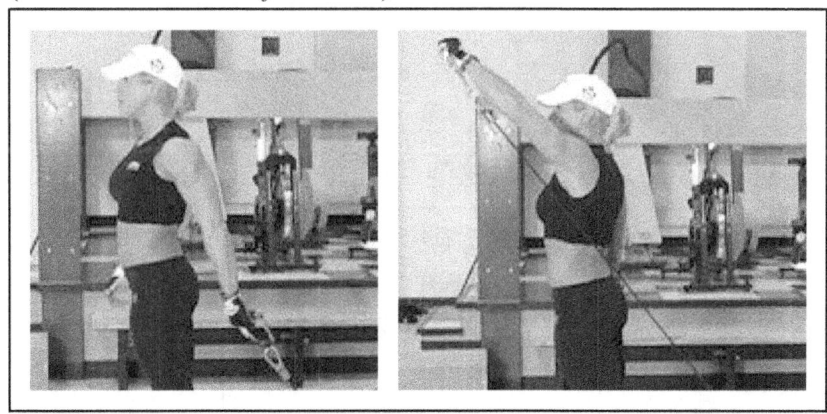

Point (s) important (s): Étirez la portion antérieure de l'épaule en amenant le bras loin vers l'arrière (inutile de l'amener vers l'intérieur) et en gonflant la poitrine.

Exercice 77. Presse pour épaule en arc avec haltères

(*Arc dumbbell shoulder press*)

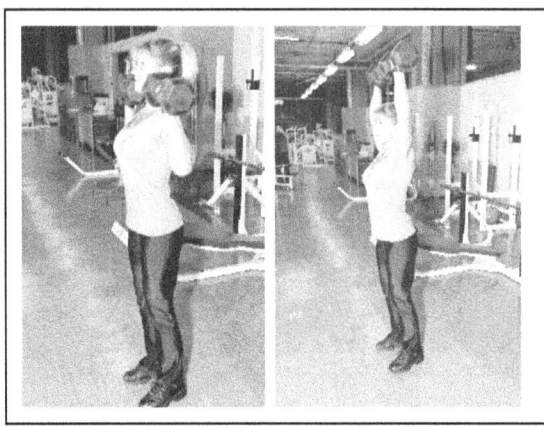

Point (s) important (s): Il s'agit de la presse pour épaule régulière avec une légère modification : en position basse, amenez les coudes vers le centre du corps pour étirer les deltoïdes. Pour la contraction concentrique, faites-la en décrivant un arc en commençant avec les haltères près du corps, en poussant les haltères vers le haut et vers l'extérieur en début de mouvement pour finir en les amenant vers l'intérieur en position haute. Amenez les haltères près l'une de l'autre sans les frapper. Cet exercice peut également se faire en position assise.

Exercice 79. Poussée de la barre

(*Barbell thrust*)

Point (s) important (s): Placez un bout de la barre dans un coin et chargez l'autre bout. Amenez la barre à votre épaule avec une main, ceci est la position de départ. Poussez la barre de façon explosive tout en gardant fermement le tronc stable. Tout comme pour l'exercice précédent, amenez les coudes près de votre corps pour étirer l'épaule.

Exercice 80. Poussée de la barre autour du monde
(*Barbell thrust around the world*)

Point **(s) important (s):** Placez un bout de la barre dans un coin et chargez l'autre bout. Amenez la barre à votre épaule avec une main, ceci est la position de départ. Poussez la barre ves l'avant et vers le haut, au dessus de votre tête. Échangez la barre de main en position haute et ramenez la barre à la position de départ pour l'autre bras. Faites le même mouvement pour l'autre côté. Ceci est une répétition complète.

Note : Les deux exercices de poussée pour les épaules peuvent également être faits en *push press*, soit en utilisant une légère poussée explosive des jambes pour initier le mouvement de la barre.

Exercice 81. Élévation latérale à deux bras derrière le dos
(*Behind the back two arms cross lateral raise*)

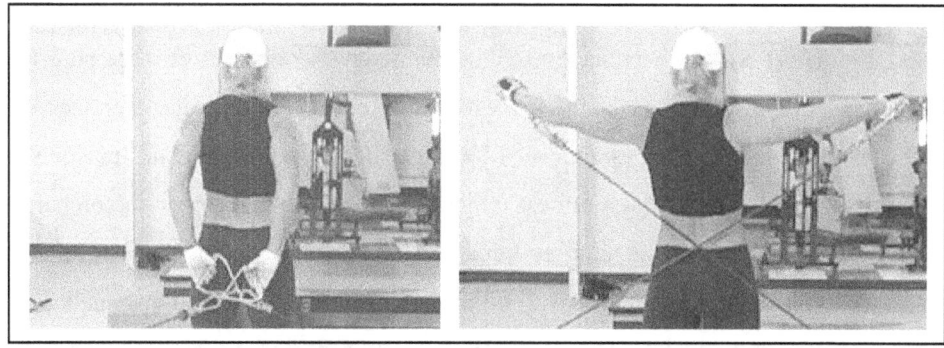

Point (s) important (s): Étirez les épaules en amenant le bras vers l'arrière et vers le centre du corps. Gardez l'arrière de la main aligné avec le devant de la main à la position haute. Les gens avec une mobilité de l'épaule insuffisante peuvent utiliser la variante

« devant le corps », quoique cette variante soit un peu moins efficace puisque l'étirement au niveau de l'épaule est moindre.

D'autres exercices acceptables pour les deltoïdes

Les mouvements précédents peuvent être considérés comme étant les meilleurs exercices pour les épaules. Cependant, nul besoin de se limiter à ses exercices uniquement. Plusieurs autres mouvements peuvent être efficaces également.

Exercice 82. Levé militaire
(*Military press*)

Point (s) important (s): Cet exercice est tout de même un exercice très efficace pour les deltoïdes. La seule raison pour laquelle il n'est pas inclus dans la liste des exercices les plus efficaces est que la tension est enlevée (décharge) des muscles au début, (puisque la barre repose sur les clavicules), ce qui est moins efficace qu'un étirement en surcharge pour activer les unités motrices à haut seuil d'activation. Ce problème peut être résolu en ne descendant pas la barre jusqu'en bas, (en l'amenant au niveau du menton), mais ceci diminuera l'étirement au niveau de l'épaule. Notez également que la barre ne permet pas de mouvement en arc comme il est possible de le faire avec des haltères.

Exercice 83. Behind the neck press

(*Behind the neck press*)

Point (s) important (s): Ce mouvement est en fait plus efficace que le levé militaire en ce qui a trait à l'activation des unités motrices à haut seuil d'activation parce que le simple fait d'amener la barre derrière le cou augmente l'étirement au niveau du deltoïde en augmente l'étirement. Cependant, le problème de décharge au niveau du muscle se pose toujours. Ce problème peut être réglé en ne descendant pas la barre jusqu'aux épaules en position basse (en l'amenant seulement jusqu'aux oreilles) mais ceci diminuera l'étirement au niveau du deltoïde. Cet exercice est légèrement plus dangereux que les autres mouvements pour les épaules.

Exercice 84. Élévation latérale en position debout ou assise

(*Seated or standing lateral raise*)

Point (s) important (s): Les variantes assise ou debout de ce mouvement sont légèrement moins efficaces que les variantes inclinées puisque vous ne pouvez pas

obtenir un étirement aussi important en position basse. Cela dit, lorsqu'exécuté de la bonne façon (le derrière de l'haltère plus haut, sans tricher) cet exercice peut être efficace.

Exercice 85. Balancement des haltères style « Gironda »
(*Gironda dumbbell swing*)

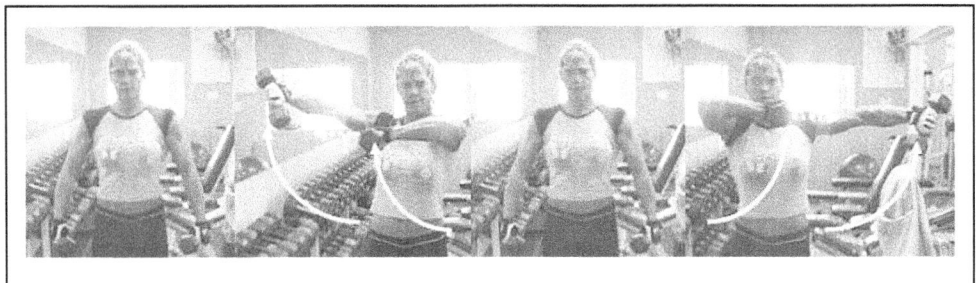

Point (s) important (s): Cet exercice ne convient pas en ce qui concerne les besoins d'étirement aux fins d'hypertrophie, mais en tant qu'exercice à tension constant il peut être bon de l'inclure dans un programme d'épaules, en tant qu'exercice d'assistance. Le point important est de rendre le mouvement continu : dès que vous atteignez la position contractée d'un côté (voir photo n° 2) initiez le mouvement pour l'autre côté, sans vous arrêter en position haute ou basse.

Exercice 86. Rotation externe avec haltères en position debout
(*Standing dumbbell external rotation*)

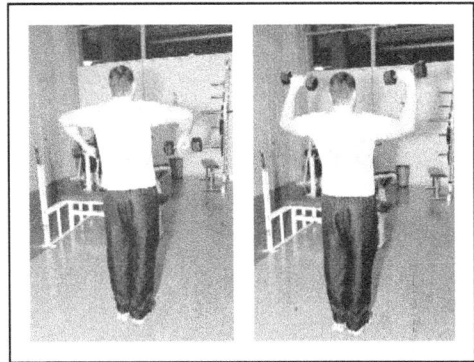

Point (s) important (s): Bien qu'il s'agisse d'un exercice pour la coiffe des rotateurs, il peut également avoir un effet positif sur chacune des trois portions du deltoïde pourvu que l'individu essaie d'étirer autant que possible les deltoïdes en position basse.

Exercices d'activation pour fessiers et ischiojambiers

Je préfère considérer les ischiojambiers et les fessiers comme étant un seul et même complexe musculaire : les extenseurs de la hanche. Les exercices d'activation suivant, cependant, focaliseront d'avantage sur un de ces groupes musculaires plutôt que l'autre. Alors que l'importance des ischiojambiers est assez bien connue, que ce soit pour des fins de performance athlétique ou d'esthétisme, l'importance des fessiers n'est pas aussi bien comprise. Cependant, une activation inefficace des fessiers (situation très fréquente, surtout chez les individus ayant des muscles lombaires forts ou raides) est un réel problème qui peut mener à une « amnésie des fessiers » (activation inefficace des fessiers) ce qui provoquera des problèmes de stabilité du tronc, une perte potentielle au niveau de la vitesse et de l'habilité pendant la course, des problèmes au niveau des lombaires et une atrophie/perte de tonus au niveau des fessiers. En utilisant les exercices d'activation des fessiers de bonne façon, nous pouvons réapprendre à bien activer les fessiers, résolvant du même coup tous ces problèmes potentiels.

Exercice 87. Marche en « X » avec bandes élastiques (activation des fessiers)
(*Jumpstretch bands X-walk (glutes activation)*)

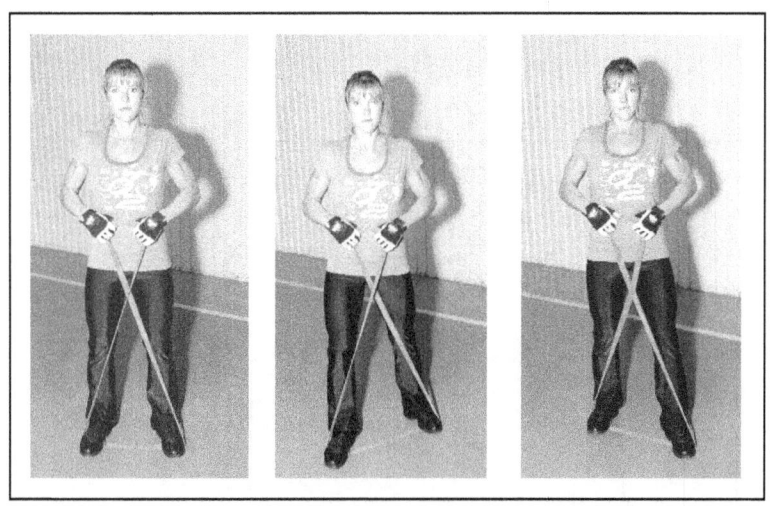

Point (s) important (s): J'ai appris cet exercice d'un des meilleurs entraîneurs en performance, Mike Boyle. Vous aurez besoin d'une bande élastique (disponible sur www.elitefits.com). Placez la bande élastique tel qu'illustré dans la première photo. Pour cet exercice vous devez marcher en tentant de pousser les jambes contre la bande élastique tout en gardant le tronc parfaitement stable. Seules les jambes devraient bouger, pas le haut du corps. Le mouvement peut être fait en marchant vers l'avant, vers l'arrière ou les deux. Gardez les épaules rabaissées et rétractées vers l'arrière.

Exercice 88. Extension des hanches sur ballon d'exercice (activation des fessiers)
(*Swiss ball hip extension (glutes activation)*)

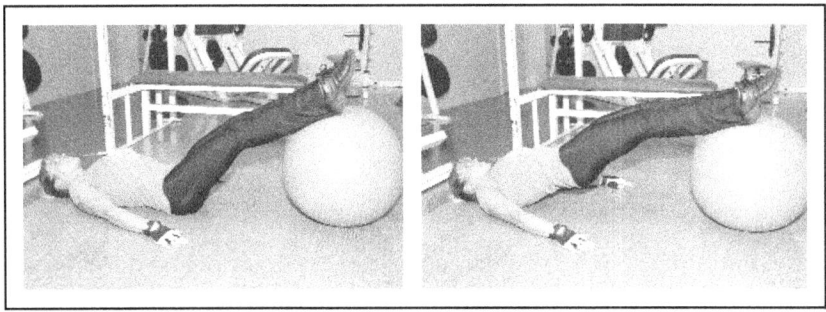

Point (s) important (s): Soulevez les hanches en vous concentrant sur la contraction des fessiers. Évitez de contracter le bas du dos à tout prix. Les ischiosjambiers seront forcément activés légèrement, mais concentrez-vous afin de réellement contracter les fessiers aussi fort que possible.

Exercice 89. Pont sur ballon d'exercice (activation des fessiers)
(*Swiss ball bridge (glutes activation)*)

Point (s) important (s): Mêmes points importants que ci-haut, mais au lieu de monter et descendre, tenez la position haute pendant 30-45 secondes tout en vous concentrant afin de garder les hanches élevées en contractant les fessiers.

Exercice 90. Flexion des jambes sur ballon d'exercice (activation des ischiojambiers)
(*Swiss ball leg curl (hamstrings activation)*)

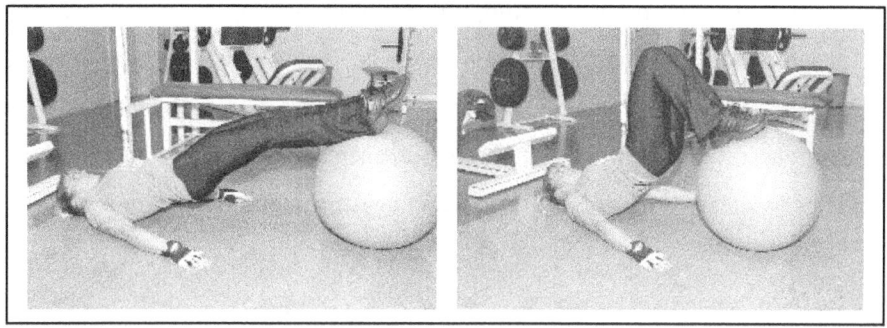

Point (s) important (s): À partir de la position du pont, amenez les jambes vers le corps en contractant les ischiojambiers. Pour une variante avancée, cet exercice peut être fait une jambe à la fois.

Exercice 91. « *Cook lift* » (activation et test pour les fessiers)
(*Cook lift (glutes activation and testing)*)

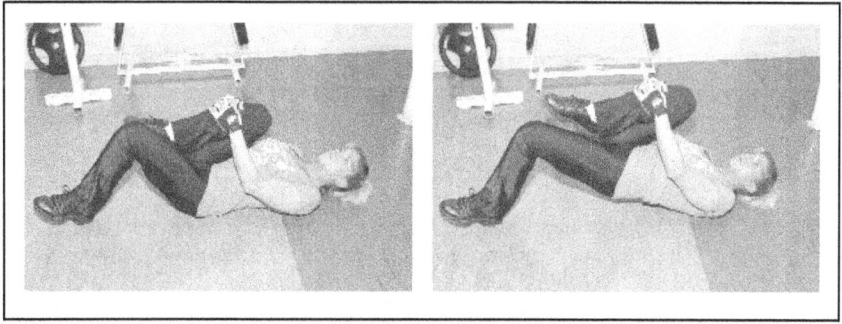

Point (s) important (s): Fléchissez à 90 degrés la jambe travaillée. Placez seulement le talon de l'autre jambe sur le sol. Amenez l'autre jambe vers la poitrine et maintenez-la. À partir de cette position, soulevez les hanches en utilisant seulement les fessiers. Si vous sentez l'étirement au niveau des ischiojambiers, cela signifie que votre patron d'activation au niveau des fessiers est erroné (vous devrez donc faire plus d'exercice d'activation pour les fessiers). Si vous sentez l'étirement seulement au niveau des fessiers, vous pouvez utiliser cet exercice comme activateur en faisant 4-6 répétitions par jambe, en tenant la position haute pendant 5 secondes par répétition. Si vous le sentez seulement au niveau des ischiojambiers, il sera préférable pour vous d'utiliser les autres mouvements d'activation d'abord.

Exercices de potentialisation pour les ischiojambiers et les fessiers

Pour ces deux groupes musculaires, les variantes des mouvements olympiques et exercices de balancement avec haltère (décrits dans la section des exercices de potentialisation pour les deltoïdes) sont de bons mouvements à utiliser. Les variantes des exercices de fentes sautées et step-ups sautés peuvent également être utilisés.

Exercice 92. Accroupissement sauté divisé
(*Division squat jump*)

Point (s) important (s): Un empattement plus large visera davantage les ischiojambiers alors qu'un empattement plus étroit mettra l'emphase sur les fessiers et les quadriceps. Quand vous quittez le sol, changez de jambe alors que vous êtes dans les airs et sautez à l'instant où vos pieds touchent le sol.

Exercice 93. Accroupissement sauté divisé en surcharge

(*Loaded division squat jump*)

Point (s) important (s): Un empattement plus large visera davantage les ischiojambiers alors qu'un empattement plus étroit mettra l'emphase sur les fessiers et les quadriceps. Quand vous quittez le sol, changez de jambe alors que vous êtes dans les airs et re sautez à l'instant où vos pieds touchent le sol. Limitez-vous à utiliser environ 10-15 % de votre charge maximale au *squat* pour cet exercice.

Exercice 94. Saut *step-up*

(*Step-up jump*)

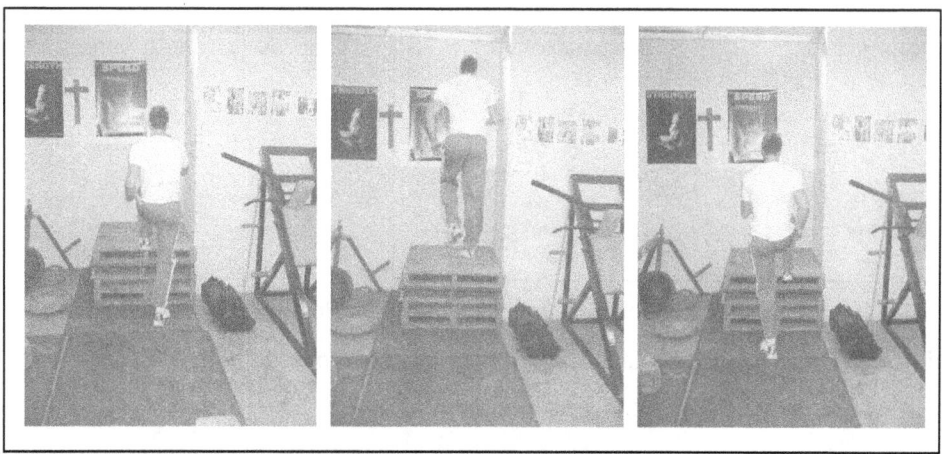

Point (s) important(s): Efforcez-vous à sauter en ne poussant qu'avec la jambe surélevée. Plus la marche est haute, plus les ischiojambiers seront sollicités. Changez de jambe lorsque vous êtes dans les airs. En sautant, n'utilisez pas votre dos pour vous projeter vers le haut, concentrez-vous à activer les fessiers

Exercices de stimulation pour fessiers et ischiojambiers

Stimuler les ischiojambiers est similaire à la stimulation pour les biceps : il est impossible d'étirer ce muscle en faisant des mouvements uni articulaires. Il en résulte donc que les exercices comme la flexion des jambes (*leg curl*) ne seront jamais aussi efficaces que des exercices comme le soulevé de terre roumain (*Romanian deadlift*) soulevé de terre jambes tendues, *goodmornings* et fentes (longes enjambées). Par contre, il peut être approprié de l'utiliser dans un programme de musculation, mais pas comme exercice principal.

Exercice 95. Fente avant (longues enjambées)
(*Long step lunges*)

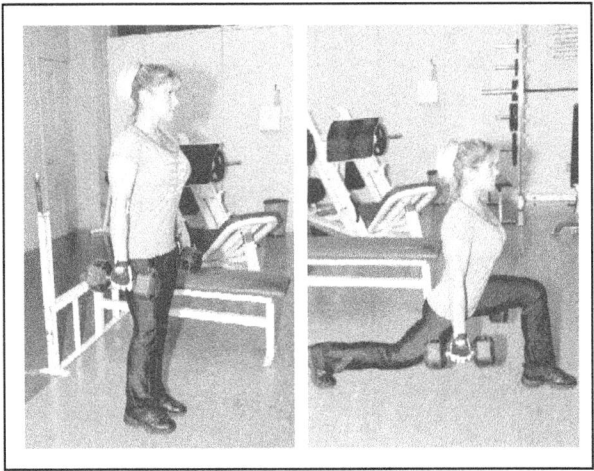

Point (s) important (s): Les longues enjambées activent les ischiojambiers davantage. Gardez toujours le tronc fermement droit. Amenez les genoux de la jambe arrière aussi près du sol que possible sans le toucher.

Exercice 96. Fentes avant avec enjambées moyennes
(*Medium step lunges*)

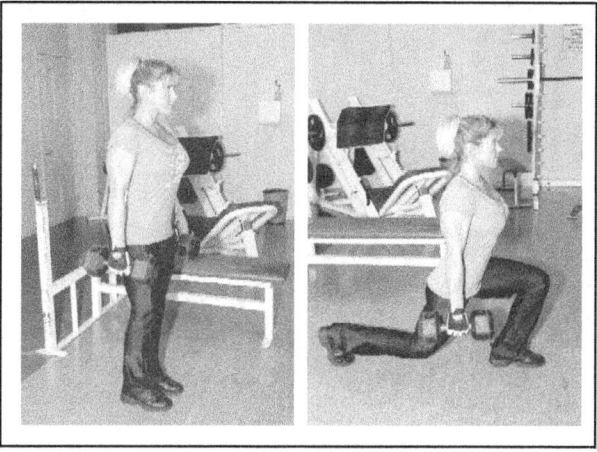

Point (s) important (s): L'enjambée moyenne implique le fessier davantage. Gardez toujours le tronc fermement droit. Amenez les genoux de la jambe arrière aussi près du sol que possible sans le toucher.

Exercice 97. Soulevé de terre roumain
(*Romanian deadlift*)

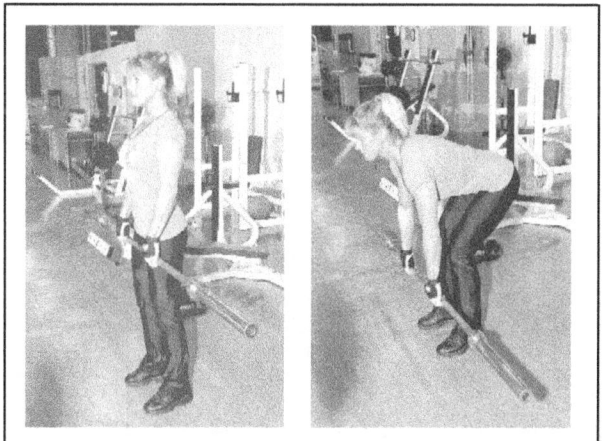

Point (s) important (s): Gardez les genoux fléchis dans un angle d'environ 135 degrés. Abaissez la barre en poussant les hanches vers l'arrière. Gardez la région lombaire droite. Concentrez-vous à sentir un étirement au niveau des ischiojambiers.

Exercice 98. Soulevé de terre roumain avec haltères
(*Dumbbell Romanian deadlift*)

Point (s) important (s): Gardez les genoux fléchis dans un angle d'environ 135 degrés. Abaissez la charge en poussant les hanches vers l'arrière. Gardez la région lombaire droite. Concentrez-vous à sentir un étirement au niveau des ischiojambiers. L'avantage de la variante avec haltère est que vous ne serez pas obligé de faire une rotation interne avec les épaules de la même façon que vous le faites avec une barre. Les bras pendants de chaque côté, ils seront dans une position plus naturelle.

Exercice 99. Soulevé de terre jambes tendues
(*Stiff-leg deadlift*)

Point (s) important (s): Gardez les jambes tendues. Abaissez la barre en poussant les hanches vers l'arrière. Gardez la région lombaire droite. Concentrez-vous à sentir un étirement au niveau des ischiojambiers.

Exercice 100. Presse à quadriceps pieds élevés
(*Leg press high feet*)

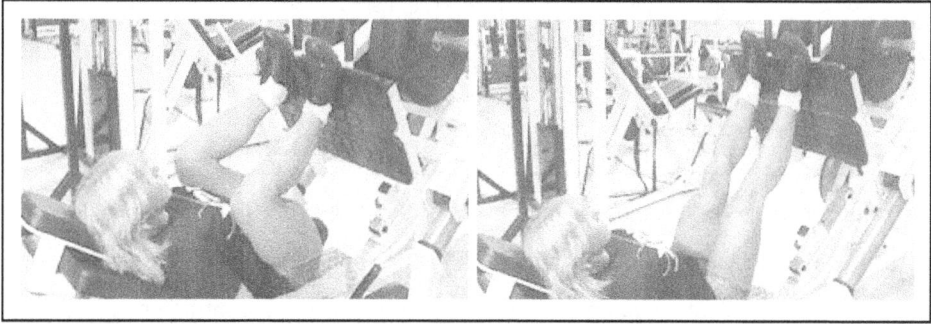

Point (s) important (s): Seuls les talons devraient se trouver sur la plateforme; tirez les orteils vers vous afin de transférer le poids sur les talons.

Exercice 101. Reverse hyper sur la station d'extension du dos
(*Reverse hyper on back extension station*)

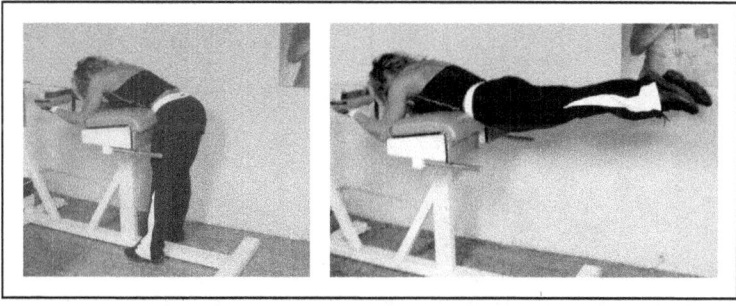

Point(s) important(s): De toutes évidences, il est préférable de faire cet exercice au moyen du véritable appareil pour reverse hyper, mais rares sont les gyms qui en possèdent un. Il est par contre possible d'utiliser l'appareil à extension dorsale pour le faire. Si vous devez ajouter du poids, vous pouvez fixer un haltère entre vos pieds au moyen d'une ceinture d'entraînement ou en utilisant des poids de chevilles. Gardez les jambes droites et étirez les ischiojambiers en position basse.

Exercice 102. Extension de la hanche de côté

(*Side hip extension*)

Point (s) important (s): Amenez la jambe vers l'avant et vers le côté en position de départ, afin d'obtenir un meilleur étirement. Ensuite, poussez-la vers l'arrière et vers l'intérieur tout en gardant la jambe droite. Concentrez-vous à contracter les fessiers pendant le mouvement.

Exercice 103. Ruade arrière

(*Backward kick*)

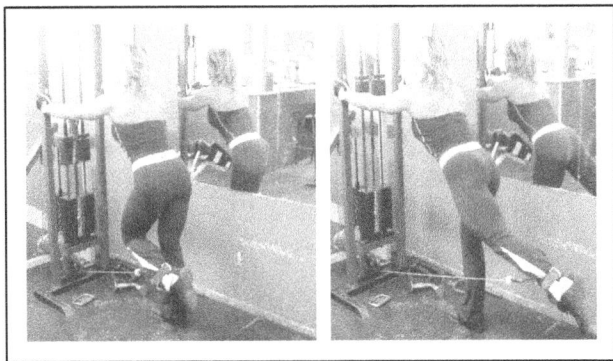

Point (s) important (s): Amenez les genoux vers l'avant en position de départ. Faites une extension de la hanche vers l'arrière. Concentrez-vous afin d'activer les fessiers et non les lombaires.

Autres bons exercices d'ischiojambiers

Les exercices suivants ne sont pas aussi fonctionnels que les précédents et sont pour ainsi dire inférieurs en ce qui concerne l'hypertrophie due à l'absence de force maximale. Cependant, pour un athlète qui s'entraîne uniquement pour des raisons esthétiques et pour augmenter sa masse musculaire, ces exercices peuvent être de bons atouts dans un programme de musculation.

Exercice 104. Flexion des jambes style « Gironda »
(*Gironda leg curl*)

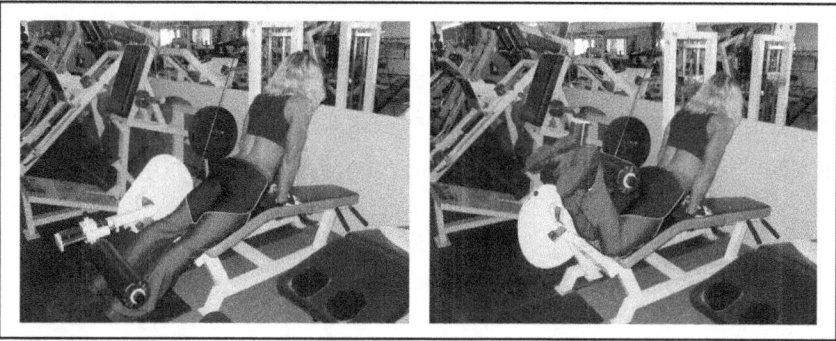

Point (s) important (s): Faites une flexion de jambes régulière, mais en surélevant le tronc. Les bras sont en extension afin de conserver le haut du corps élevé, mais les jambes demeurent en contact avec le banc.

Exercice 105. Flexion des jambes debout
(*Standing leg curl*)

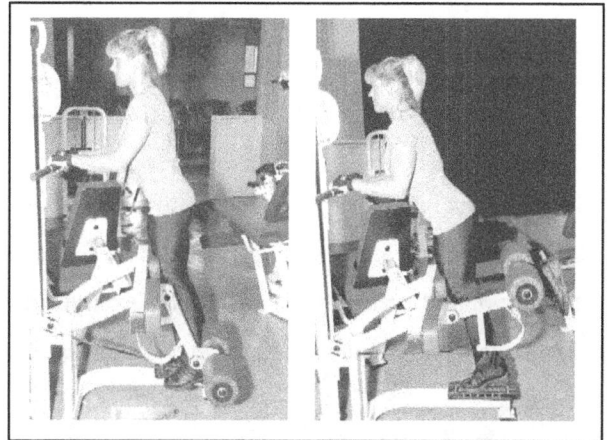

Point (s) important (s): Il s'agit d'un exercice plutôt simple, aucun besoin de le décrire!

Exercice 106. Flexion à une jambe

(*1-leg curl*)

Point (s) important (s): Comme c'est le cas avec la plupart des exercices sur appareil, je préfère les variantes unilatérales afin de pouvoir activer un tant soit peu davantage les unités motrices à haut seuil d'activation, ce qui rendra ces exercices plus efficaces.

Exercice 107. Flexion de jambe couché

(*Lying leg curl*)

Point (s) important (s): Il s'agit d'un exercice plutôt simple, aucun besoin de le décrire!

Note : Comme avec tous les exercices de flexion de jambes, vous pouvez varier la position des pieds afin de varier quelque peu l'activation des muscles. Lorsque les pieds sont tournés vers l'extérieur vous placerez plus d'emphase sur la portion externe des ischiojambiers; lorsque les pieds pointent vers l'intérieur vous activerez davantage la portion interne des ischiojambiers (semi-tendineux et semi membraneux). Une position neutre des pieds activera toutes les portions de façon à peu près égale.

Exercices d'activation pour quadriceps

Lorsqu'il est question d'activation pour les quadriceps, nous faisons référence surtout au vaste interne (le muscle en forme de larme juste au-dessus du genou) puisque ce muscle est un stabilisateur de l'articulation du genou. Plusieurs personnes, surtout des femmes, ont de la difficulté à activer ce muscle et ont tendance à suractiver le vaste externe (portion externe du quadriceps). Ceci provoquera un déséquilibre musculaire qui pourrait très bien se terminer avec une blessure au genou. Vus sous cet angle, les exercices d'activation du quadriceps et du vaste interne peuvent être très importants pour certains individus. Souvenez-vous que pour être efficace, la source d'instabilité (si l'instabilité est utilisée pour augmenter l'activation du quadriceps) doit se trouver sous la (les) jambe (s) travaillée (s). Si vous faites un accroupissement divisé avec la jambe arrière sur un ballon d'exercice, l'exercice ne sera pas aussi efficace que si vous le faisiez avec la jambe travaillée sur une surface instable : plus un muscle se trouve près de la source d'instabilité, plus il sera affecté par l'exercice.

Exercice 108. Accroupissement pieds sur coussin de mousse/airex
(*Squat feet on foam/airex pads*)

Point (s) important (s): Les coussins de mousse procurent une légère instabilité qui n'est pas excessivement difficile à maîtriser, juste assez pour augmenter l'activation musculaire sans changer la biodynamique du mouvement. Ne portez pas vos d'espadrilles en faisant cet exercice : faites-le nu-pieds (ou avec vos chaussettes), ceci vous permettra de mieux activer les barorécepteurs des pieds ce qui augmentera l'activité des quadriceps.

Exercice 109. Accroupissement divisé pieds sur coussin de mousse/airex
(*Division squat feet on foam/airex pads*)

Point (s) important (s): Empêchez les genoux de pointer vers l'intérieur. Contrairement à la croyance populaire, il est parfaitement convenable de laisser les genoux aller au-delà des orteils. En fait, ceci étire préalablement le quadriceps encore davantage, menant à une meilleure activation. Dans l'illustration, Christiane exécute une version avancée du mouvement en ne touchant pas les coussins avec les talons.

Exercice 110. Fentes pieds sur sur coussin de mousse/airex
(*Lunges feet on foam/airex pads*)

Point (s) important (s): Ce mouvement est similaire au précédent, sauf que vous commencez avec un seul pied sur le coussin, l'autre se trouvant dans les airs pour ensuite atterrir sur le second coussin.

Exercice 111. Squat divisé « Siffie » et fentes « Siffie »
(*"Siffie" division squat et "Siffie" lunges*)

Point (s) important (s): Cette méthode provient du grand scientifique sportif Mel Siff Ph.D. Elle consiste à réduire la base de support en faisant l'exercice sur les orteils. Ceci crée une certaine instabilité et provoque une activation forcée plus grande du quadriceps. Demeurez sur les orteils pendant toute la durée de la série. Quand vous faites la variante des fentes, l'action dynamique du corps augmente la demande de stabilisation et ainsi l'activation du quadriceps.

Exercices de potentialisation pour quadriceps

Pour potentialiser les quadriceps, nous pouvons utiliser n'importe quel type d'exercice sauté ainsi que des mouvements explosifs comme les accroupissements sautés (*jump squats*) et les accroupissements en vitesse (*speed squat*). La clé réside dans le fait que les mouvements explosifs réveillent le système nerveux et augmentent votre capacité d'activer le muscle.

Les haltérophiles olympiques soviétiques faisaient un saut vertical maximal au début de leurs séances d'entraînement et avant de faire leur mouvement compétitif lors de concours pour cette raison précise. La légende du *powerlifting*, Fred Hatfield Ph.D. faisait exactement la même chose avant de tenter une charge maximale au *squat*.

Exercice 112. Saut assis

(*Sit jumps*)

Point (s) important (s): Assoyez-vous sur un banc ou une boîte afin que vos jambes soient fléchies à environ 90 degrés. Sautez sur la boîte en bougeant le dos le moins possible : concentrez-vous à sauter en utilisant uniquement vos quadriceps. Puisque la surface de contact est plus élevée que la surface de saut, le choc sur les tendons et articulations est minime.

Exercice 113. Saut sur boîte

(*Box jumps*)

Point (s) important (s): Sautez sur la boîte à partir du sol. Puisque la surface de contact est plus élevée que la surface de saut, le choc sur les tendons et articulations est minime.

Exercice 114. Saut « Step-up »
(*Step-up jumps*)

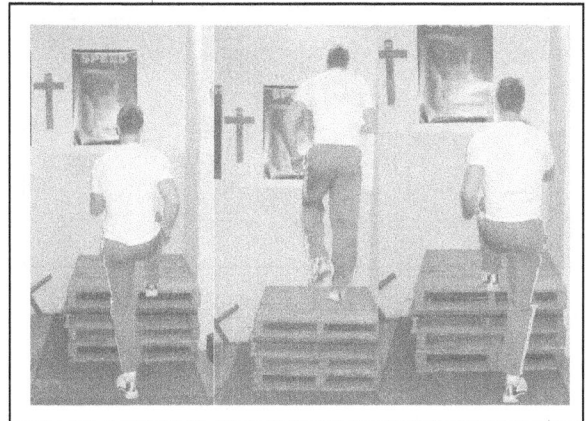

Point (s) important (s): Sautez en utilisant seulement la jambe qui se trouve sur la boîte. Concentrez-vous afin de faire une extension complète de cette jambe. Changez de jambe une fois dans les airs.

Exercice 115. Accroupissement sauté
(*Jump squat*)

Point (s) important (s): Fléchissez les genoux seulement jusqu'au point où vous le feriez pour faire un saut vertical. Dès que vous parvenez à la position basse, sautez aussi haut que possible. En reprenant contact avec le sol, replacez-vous convenablement et commencez chaque nouvelle répétition à partir de la position debout. Utilisez une charge qui se trouve entre 10 et 20% de votre squat maximum.

Exercice 116. Séries d'accroupissements sautés

(*Jump squat series*)

Point (s) important (s): Ceci est similaire à l'exercice précédent excepté que vous ne vous replacez pas entre les répétitions : vous sautez dans les airs dès que vous touchez le sol.

Exercice 117. Accroupissement sauté isodynamique

(*Iso-dynamic jump squat*)

Point (s) important (s): Pour cette variante vous commencez chaque répétition à partir d'une position statique, genoux fléchis. Tenez cette position pendant 2-3 secondes avant de sauter dans les airs. Cette pause annulera l'implication du réflexe d'étirement, ce qui vous forcera à utiliser principalement vos muscles pour vous propulser. Pour les athlètes, cette variante est meilleure pour développer la capacité d'exploser à partir d'une position statique (bloqueur au football ou sprinter qui sort des blocs de départ) alors que le précédent est préférable pour augmenter la vitesse en améliorant la production de force à la fois au niveau du muscle et du réflexe d'étirement.

Exercices de stimulation pour quadriceps
Lorsqu'il est question de stimulation pour les quadriceps, la clé réside dans la pleine amplitude de mouvement. Comme nous l'avons vu précédemment, parvenir à une position étirée est une façon efficace d'augmenter l'implication des muscles. Donc, si vous exécutez un accroupissement et que vous vous arrêtez au quart de l'amplitude, vous n'impliquerez pas les quadriceps de façon optimale. Si vous avez des problèmes de flexibilité qui vous empêchent de faire des accroupissements complets, alors vous devriez utiliser d'autres exercices tels l'accroupissement divisé et les fentes jusqu'à ce que vous résolviez votre problème de flexibilité.

Exercice 118. Accroupissement avant
(*Front squat*)

Point (s) important (s): Lorsqu'il est question de bâtir les quadriceps, je préfère l'accroupissement avant plutôt que l'accroupissement traditionnel (*back squat*) puisqu'il est beaucoup plus difficile de compenser avec le bas du dos (vous devez maintenir une position droite ou échapper la barre) et il en résulte un stimulus accru pour le quadriceps. Si vous manquez de flexibilité pour utiliser une prise d'épaulé, vous pouvez utiliser la variante avec les bras croisés (illustrée à droite).

Exercice 119. Accroupissement

(*Back squat*)

Point (s) important (s): Pour maximiser la stimulation du quadriceps, vous devez utiliser un empattement modéré (même étroit) et garder le tronc aussi droit que possible afin de décharger le bas du dos.

Exercice 120. Accroupissement avec ceinture

(*Belt squat*)

Point (s) important (s): Le câble vous tire vers l'avant et vous permet ainsi de vous pencher vers l'arrière pendant l'exercice afin d'obtenir un meilleur étirement du quadriceps. Le mouvement décharge également le dos afin que le quadriceps fasse la majorité du travail.

Exercice 121. *Hack squat* avec empattement étroit
(*Close stance hack squat*)

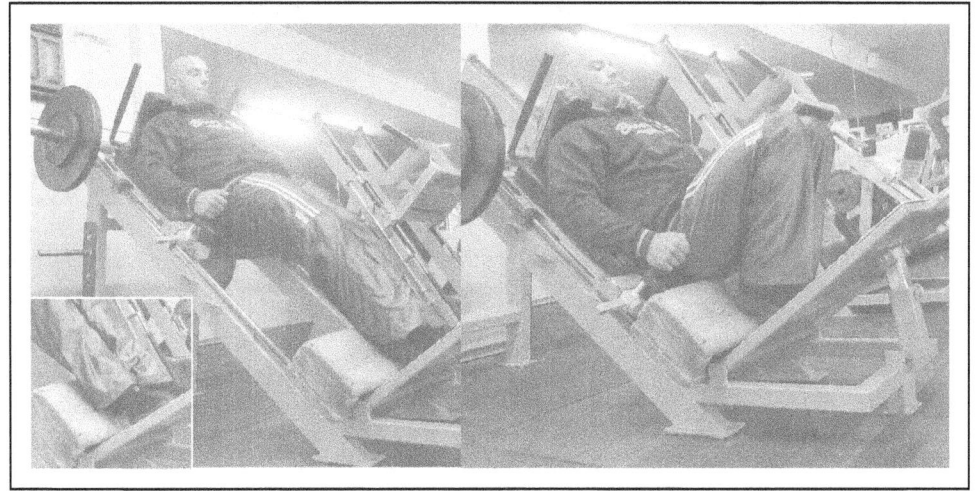

Point (s) important (s): Gardez les jambes en contact l'une avec l'autre pendant toute la durée de l'exercice. Élevez les talons afin de mieux étirer les quadriceps et de diminuer l'activation des fessiers.

Exercice 122. *Hack squat* position « grenouille »
(*Frog stance hack squat*)

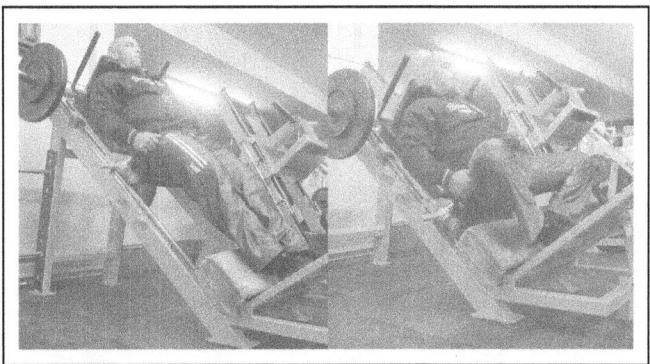

Point (s) important (s): Poussez les genoux vers l'extérieur à la descente et ramenez-les vers l'intérieur pendant la montée. Gardez les talons surélevés afin de minimiser l'activation des fessiers.

Exercice 123. *Sissy squat*

Point (s) important (s): Surélevez les talons et les hanches pendant tout le mouvement, ne les laissez pas descendre.

Exercice 124. Fente à courte enjambée
(*Short step lunges*)

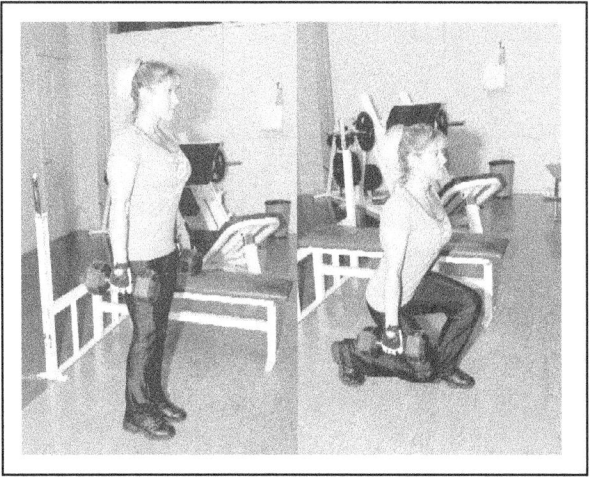

Point (s) important (s): Gardez la poitrine gonflée et le tronc solide. Le genou arrière devrait s'approcher du plancher sans le toucher.

Exercice 125. Accroupissement divisé bulgare

Point (s) important (s): Gardez le tronc droit et amenez-le aussi près du sol que possible sans y toucher. Ce mouvement peut également être fait avec des haltères.

Exercice 126. Fente avant surélevée
(*Front elevated lunge*)

Point (s) important (s): Faire cet exercice de sorte que le pied avant fasse contact sur un bloc augmente l'étirement pour le bas du corps et le rend d'autant plus efficace. Ce mouvement peut également être fait avec des haltères.

Exercice 127. Accroupissement avec haltères

(*Dumbbell squat*)

Point (s) important (s): Arrêtez le mouvement juste avant de barrer les genoux à la fin de la phase concentrique afin de maintenir la tension sur les quadriceps pendant toute la durée de l'exercice. Utilisez un empattement étroit.

Autres exercices de quadriceps acceptables

Les mouvements suivants peuvent être ajoutés à votre programme; cependant, ils ne devraient être utilisés qu'en tant qu'exercices secondaires. Ils sont efficaces, mais ne sont pas LES PLUS efficaces pour les quadriceps.

Exercice 128. Presse à quadriceps

(*Leg press*)

Point (s) important (s): Bien que vous devriez utiliser une pleine amplitude de mouvement, vous ne devriez pas descendre au point où votre coccyx ou le bas de votre dos quitte le banc. Ceci placerait un stress énorme sur la région lombaire. Vous pouvez varier la largeur de vos pieds pour changer la portion du quadriceps sur lequel l'emphase est placée : plus les pieds sont placés près l'un de l'autre, plus vous stimulerez la portion externe du quadriceps, et vice-versa.

Étroit: portion externe   Médium : équilibrée   Large : portion interne

Exercice 129. Extension de la jambe

(*1-leg extension*)

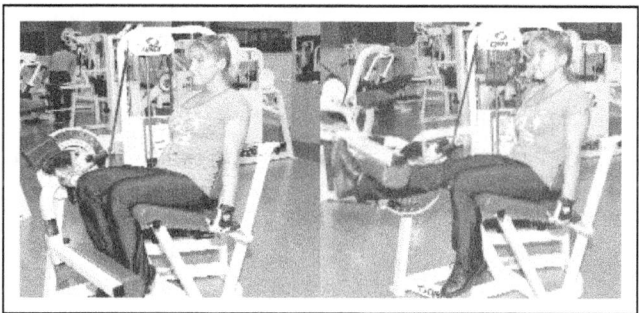

Point (s) important (s): Comme avec l'appareil à flexion des bras, je préfère la variante unilatérale de cet exercice pour sa plus grande capacité d'activer les unités motrices à haut seuil d'activation. L'angle du pied peut également varier le patron d'activation : pointez le pied vers l'extérieur afin de placer plus de stress sur la portion interne du quadriceps; pointez-le vers l'intérieur et c'est la portion externe sur laquelle sera transférée une plus grande partie de la charge.

Exercice 130. Extension des jambes

(*Leg extension*)

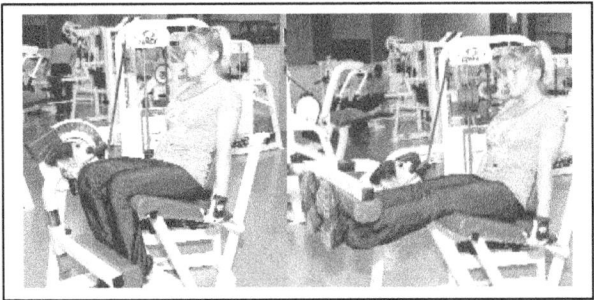

Point (s) important (s): L'angle du pied peut également varier le patron d'activation : pointez le pied vers l'extérieur afin de placer plus de stress sur la portion interne du quadriceps; pointez-le vers l'intérieur et c'est la portion externe sur laquelle sera transférée une plus grande partie de la charge.

Exercices d'activation pour les abdominaux
Tout exercice exécuté sur une surface instable (pas uniquement les mouvements d'abdominaux) activera les muscles abdominaux puisque le besoin de stabilité du tronc sera plus grand. Vu sous cet angle, si vous entraînez vos abdominaux à la fin de votre entraînement il n'est peut-être pas nécessaire d'utiliser d'exercice d'activation spécifique pour les abdominaux. Si vous entraînez vos abdominaux au début de votre entraînement ou lors d'un entraînement d'abdominaux uniquement, alors il sera probablement préférable d'inclure des mouvements d'activation spécifiques comme des *crunches* sur ballon d'exercice, rotation sur ballon d'exercice et ponts.

Exercice 131. *Crunch* sur ballon d'exercice

(*Swiss ball crunch*)

Point (s) important (s): Le *crunch* n'est pas une flexion du tronc, mais plutôt un « enroulement » du tronc. Imaginez que vous tentiez de soulever et d'enrouler le haut de votre corps sur un cylindre qui repose sur votre abdomen. Étirez pleinement les abdominaux à chacune des répétitions.

Exercice 132. Crunch - tirage vertical bras tendus sur ballon d'exercice

(*Pulldown swiss ball crunch*)

Point (s) important (s): Étirez les bras au-dessus de la tête en position de départ, tirez la barre vers les jambes en faisant votre crunch.

Exercice 133. Rotation du tronc sur ballon d'exercice

(*Trunk twist on swiss ball*)

Point (s) important (s): Faites pivoter le tronc d'un côté à l'autre tout en gardant le tronc en position de *crunch*. Ne faites pas pivoter les hanches : seulement le tronc/torse.

Exercices de stimulation pour abdominaux

Voici ce que je considère être les meilleurs exercices pour abdominaux. Quand j'entraîne les abdominaux, j'utilise habituellement :

a) Une supersérie postfatigue dont le premier exercice est fait avec une charge ajoutée et le second est un exercice sans charge ajoutée, qui travaille le même patron de mouvement.

b) Circuits de 4-5 exercices travaillant toutes les fonctions du tronc : 1- la rotation; 2- la flexion latérale; 3- la flexion du tronc; 4- la flexion des hanches. Ci-dessous se trouve un exemple d'un tel circuit. Il s'agit du circuit fonctionnel que j'ai utilisé avec mes joueurs de hockey en 2002.

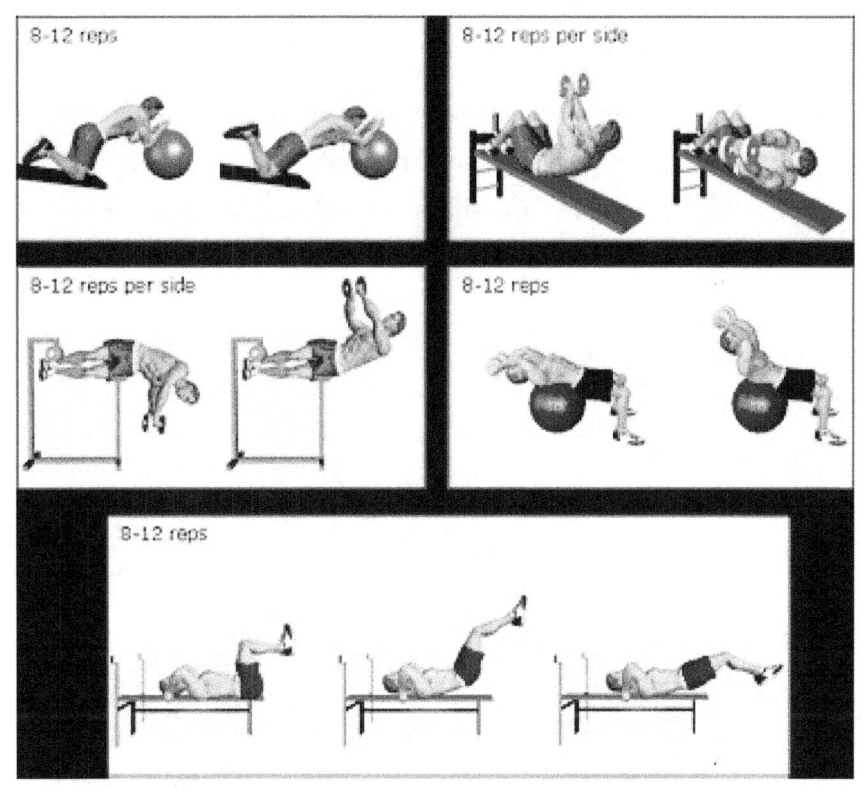

Exercices de flexion du tronc

Exercice 134. *Crunch* au câble position à genoux.

(*Kneeling cable crunch*)

Point (s) important (s): Comme pour tous les exercices impliquant un *crunch*, l'objectif est d'enrouler la colonne vertébrale et pas seulement de fléchir le tronc. Faire ce mouvement en position à genoux réduit l'activation des fléchisseurs de la hanche et place plus de stress sur les abdominaux.

Exercice 135. *Crunch* du grand dentelé
(*Serratus crunch*)

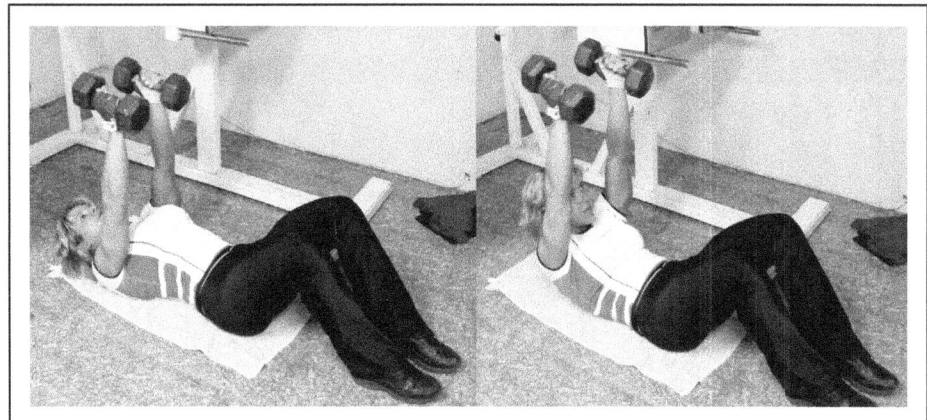

Point (s) important (s): Gardez les coudes barrés pendant tout le mouvement. Lorsque vous enroulez le torse, poussez aussi les haltères vers le plafond afin d'activer le grand dentelé.

Exercice 136. Crunch avec charge
(*Weighted crunch*)

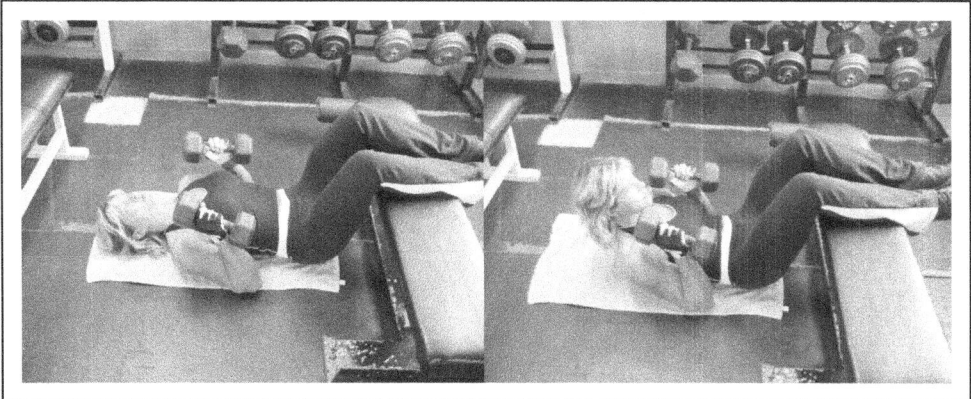

Point (s) important (s): Concentrez-vous à enrouler la colonne vertébrale vers l'avant et non pas à simplement fléchir le tronc. Le mouvement doit toujours être fait sous contrôle, ne vous balancez pas vers le haut.

Exercice 137. *Crunch* à la poulie basse
(*Low-pulley cable crunch*)

Point (s) important (s): Amenez les bras au-dessus de la tête en position de départ; en faisant votre *crunch*, poussez la barre vers le plafond en vous concentrant sur la contraction maximale des abdominaux.

Mouvements de flexion des hanches

Exercice 138. Élévation des jambes suspendue
(*Hanging leg raise*)

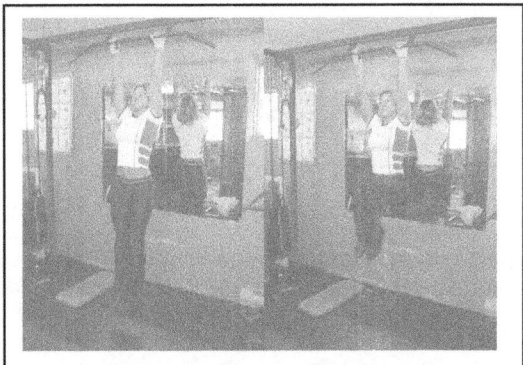

Point (s) important (s): Initiez le mouvement en fléchissant les fessiers dans la position de départ. Quand les fessiers sont activés, vous pouvez soulever les jambes.

Exercice 139. Élévation des jambes suspendue sur l'appareil à *hack squat*
(*Hanging leg raise on Hack squat machine*)

Point (s) important (s): Cette variante est légèrement différente d'une élévation des jambes suspendue classique. Le support du dos facilite généralement la bonne exécution de ce mouvement. En fin de phase concentrique (à la position haute) soulevez les fessiers du dossier.

Exercice 140. Échange double *crunch*
(*Double crunch exchange*)

Point (s) important (s): Gardez toujours la tension sur vos abdominaux en évitant d'amener les jambes ou les épaules jusqu'en bas pendant le mouvement.

Exercice 140. Regroupement des genoux

(*Knee tuck-in*)

Point (s) important (s): Gardez toujours la tension sur les abdominaux en n'amenant pas les jambes jusqu'en bas et en contractant les abdominaux volontairement aussi fort que possible pendant toute la durée de l'exercice.

Exercices de rotation du tronc

Exercice 141. *Crunch*-pivot au câble

(*Twisting cable crunch*)

Point (s) important (s): Peut également être exécuté à genoux et face à la station.

Exercice 142. Coupe de bois à la poulie haute

(*High pulley woodchop*)

Point (s) important (s): Gardez les fessiers contractés afin de stabiliser les hanches. Pivotez avec le tronc seulement, pas les hanches. Peut aussi être fait debout, mais il sera plus difficile de stabiliser les hanches (plus grande tendance à pivoter).

Exercice 143. Coupe de bois à la poulie basse

(*Low pulley woodchop*)

Point (s) important (s): Même exécution que l'exercice précédent sauf que vous utilisez la poulie basse au lieu de la poulie haute.

Exercice 144. Pivot Russe complet sur ballon d'exercice

(*Full Russian Twist on Swiss ball*)

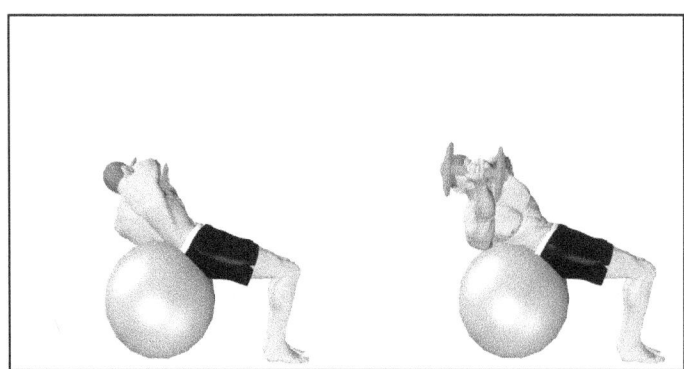

Point (s) important (s): Pivotez le tronc d'un côté à l'autre tout en le gardant en position de crunch. Ne pivotez pas les hanches, seulement le tronc/torse. Gardez les bras en pleine extension pendant tout le mouvement. Passez d'une rotation complète à droite à une rotation complète à gauche puis revenez.

Exercice 145. Demi pivot Russe sur ballon d'exercice
(*Half Russian Twist on Swiss ball*)

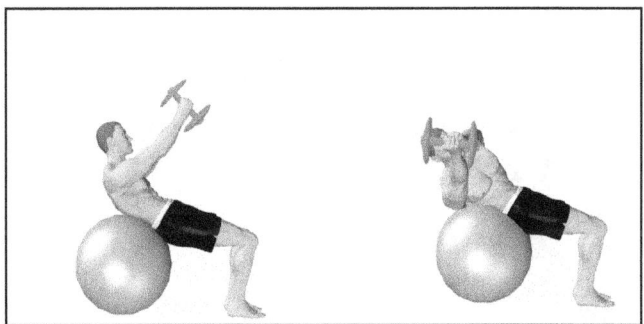

Point (s) important (s): Pivotez le tronc d'un côté à l'autre tout en le gardant en position de *crunch*. Ne pivotez pas les hanches, seulement le tronc/torse. Gardez les bras en pleine extension pendant tout le mouvement. Passez d'une rotation complète à droite à une rotation complète à gauche puis revenez.

Exercice 146. Tornade

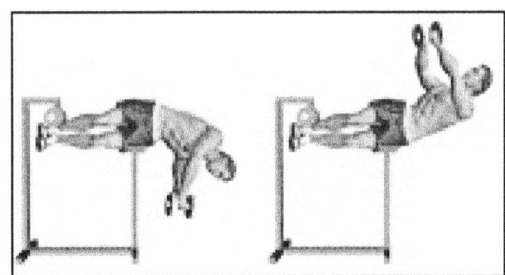

Point (s) important (s): Il s'agit d'un exercice avancé qui ne devrait pas être fait par les individus qui ont des problèmes au niveau lombaire. Si vous choisissez de faire ce mouvement, faites-le toujours lentement et en parfait contrôle. Il combine la flexion latérale et la rotation. Gardez les hanches fixes en tout temps, concentrez-vous sur la rotation et la flexion du tronc seulement.

Exercices de flexion latérale

Exercice 147. Flexion latérale avec haltère
(*Dumbbell side bend*)

Point (s) important (s): La chose importante à garder à l'esprit est de garder le haut du corps bien aligné pendant la phase de descente; plusieurs descendent non seulement de côté, mais se penchent vers l'avant également, ce qui est une erreur. Imaginez-vous en train de faire cet exercice avec le dos appuyé contre un mur, en gardant votre dos en contact avec le mur en tout temps. ALERTE POUR IDIOTS : n'utilisez qu'un haltère à la fois. Je vois plusieurs personnes faire cet exercice en tenant un haltère dans chaque main. Ceci est stupide puisque l'haltère opposé sert de contre poids ce qui rend le mouvement d'autant plus facile, au point où l'exercice devient totalement inutile.

Exercice 148. Flexion latérale Saxon

Point (s) important (s): Tout ce qui s'applique au précédent exercice s'applique également à celui-ci (excepté l'alerte pour idiots). L'exercice peut également être fait avec un seul haltère tenu à bout de bras avec les deux mains.

Exercice 149. Flexion latérale à la poulie basse
(*Low pulley side bend*)

Point (s) important (s): Ce mouvement est similaire à la flexion latérale classique, sauf que vous allez utiliser une poulie basse au lieu d'un haltère. Tenez l'haltère avec la main droite si vous travaillez le côté gauche et vice-versa.

PRINCIPE 10
Lorsque vous tentez perdre du gras, ajoutez du travail métabolique à haute vitesse

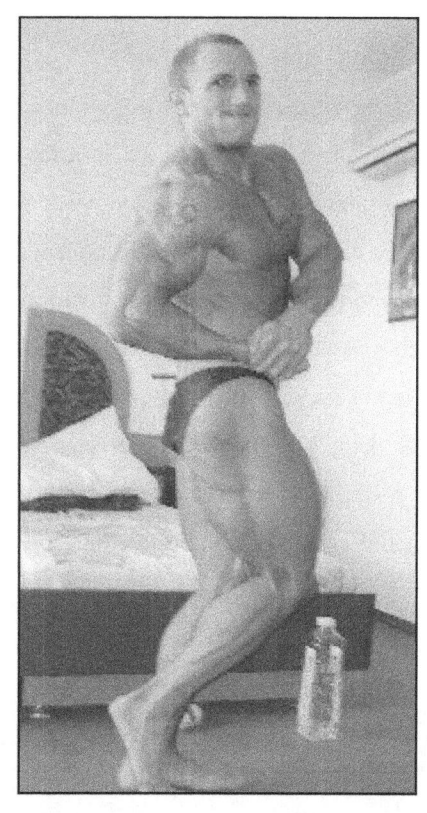

Introduction

J'ai discuté du travail métabolique à haute vitesse en 2003 dans un article que j'ai écrit pour T-Nation intitulé « Superman Series ». La prémisse de base de cette méthode était, et est encore, d'exécuter autant de travail physique que possible pendant une période de temps prédéterminée. Avec ce genre d'entraînement, des répétitions très rapides faites avec très peu de résistance (poids libres ou encore élastiques) est la méthode à favoriser. L'objectif est de réaliser autant de répétitions que possible à l'intérieur de la période de temps prescrite par le programme. Cette méthode s'agence parfaitement avec la méthode à haut seuil d'activation puisque l'emphase est mise sur l'explosion, la vitesse et la puissance. Tout comme pour les exercices de force « réguliers », la vitesse de mouvement diminuera éventuellement au fur et à mesure que la fatigue se fera sentir pendant les séries « superman » et le travail métabolique à haute vitesse. Cependant, c'est l'intention d'accélérer la charge qui demeure une clef cruciale du succès de cette méthode.

Pourquoi des répétitions à haute vitesse?

Le travail métabolique devrait favoriser les répétitions rapides parce que ces dernières placeront davantage de stress sur les fibres/unités motrices rapides (à haut niveau d'activation). Même les fibres mixtes qui auront été activées auront tendance à s'adapter à cette forme d'entraînement en changeant leurs profils pour ressembler davantage à celui des fibres rapides. Les unités motrices à haut seuil d'activation auront tendance à utiliser principalement le glucose comme source d'énergie. Cette source d'énergie mène à une acidose du sang et du muscle qui favorise la sécrétion d'hormone de croissance. Comme vous le savez probablement déjà, l'hormone de croissance peut à la fois stimuler la croissance musculaire et la perte de gras. Bien qu'une stimulation hormonale endogène n'aura pas le même impact qu'un apport chimique externe, la différence à long terme peut être positivement significative sur la composition corporelle. Regardez simplement les physiques des athlètes qui doivent exécuter beaucoup de travail en une courte période de temps (sprints, patinage de vitesse, les épreuves de saut, la gymnastique, etc.) et vous verrez qu'en moyenne ce sont les individus les moins gras et les plus musclés (sans même tenter d'arriver à ces résultats). Alors quand vous faites du travail métabolique au gym, vous devez tenter de faire autant de répétitions rapides que possible à l'intérieur d'une période de temps qui provoquera une acidification du sang (par le lactate). Souvenez-vous également que l'énergie se consomme davantage en bougeant rapidement qu'en bougeant lentement. Prenez un moteur de voiture par exemple : il consommera plus d'essence à 7000RPM qu'à 3000RPM. Donc, pour une même période de temps, les mouvements rapides utiliseront plus de calories que les mouvements lents, ce qui est le premier objectif des séries métaboliques.

Les séries devraient durer combien de temps?
Quand vous utilisez le travail métabolique avec l'intention de diminuer votre gras corporel ou d'augmenter votre masse musculaire, la durée des séries devrait vous permettre d'utiliser une charge modérée, manipulée à haute vitesse tout en provoquant une augmentation de production de lactate. Les séries de moins de 20 secondes devraient être éliminées puisque ces dernières utilisent principalement la filière énergétique ATP-CP (Adénosine tri-phosphate et créatine phosphate) ce qui ne provoque pas d'élévation significative du lactate sanguin. Les séries d'une durée de plus de 60 secondes devraient également être évitées puisque les unités motrices à haut niveau d'activation n'étant pas résistantes à la fatigue, il sera impossible de maintenir un haut taux de travail pour cette durée et vous devrez utiliser une charge plus légère pour compléter la série. Bien que la charge utilisée ne soit pas d'une importance capitale pour le travail métabolique, elle joue tout de même un rôle significatif en ce qui a trait à la stimulation d'adaptations. Il devrait donc être évident que la durée idéale des séries pendant le travail métabolique se trouve entre 20 et 60 secondes. Fait intéressant, j'ai découvert que les séries d'une durée de 30-40 secondes produisent les meilleurs résultats en ce qui concerne le travail métabolique. Je recommande donc d'utiliser une durée de temps de base : des séries plus courtes (20-30 secondes) et plus longues (40-60 secondes) peuvent également être utilisées de temps à autre, pour changer le rythme de travail. Les séries plus courtes étant préférables pour la croissance musculaire et les séries plus longues pour les phases de perte de gras.

Quel type de résistance devrait être utilisé?

Dans mon article original "Superman series', je recommande d'utiliser des poids libres pour des séries d'une durée précise. Bien que ceux-ci puissent être utilisés efficacement, j'ai découvert qu'une résistance provenant d'un élastique (par exemple, les tubes élastiques avec une poignée à chaque bout) procure de meilleurs résultats que les poids libres. Pourquoi? Parce qu'ils vous permettront de profiter au maximum de l'exécution rapide des répétitions, et ce de façon plus importante que les poids libres. Avec ces derniers, vous devez décélérer la charge pendant une portion importante du mouvement, c'est un réflexe automatique du corps pour éviter de provoquer un choc balistique aux articulations impliquées. Plus vous bougez rapidement, plus vous devrez prendre du temps pour décélérer la charge (et mois vous pourrez prendre de temps pour l'accélérer) puisque vous aurez besoin d'une plus longue distance de freinage. Ce n'est pas l'effet que nous recherchons! La source de résistance élastique agit comme un frein : plus vous l'étirez, plus la résistance fournie par l'élastique augmente. L'élastique fait donc une bonne partie de la décélération pour vous, ce qui a comme résultat de permettre à votre système nerveux de prendre plus de temps pour tenter d'accélérer la charge. La bande élastique vous permet également de retourner à la position de départ plus rapidement, augmentant ainsi votre taux de travail. Enfin, l'élastique vous permet de modifier la résistance pendant une série au fur et à mesure que la fatigue se fait sentir. Quand la vitesse du mouvement commence à ralentir, vous pourrez vous déplacer afin que l'élastique ne soit pas aussi tendu, diminuant ainsi la résistance et vous permettant de maintenir un taux de travail élevé. Comme vous le voyez, la résistance élastique est clairement un choix supérieur pour le travail métabolique. Cependant, vous pouvez tout de même utiliser des poids libres si vous n'avez pas de résistance élastique.

Comment l'utiliser?

Alors que les séries métaboliques chronométrées peuvent être utilisées en tant qu'exercice autonome, les meilleurs bénéfices sont obtenus lorsqu'elles sont combinées dans une supersérie avec des mouvements de musculation traditionnels. Par exemple, après avoir fait une série de développé couché incliné avec haltères, vous pouvez passer à un mouvement métabolique de coups de poing alternés en position basse. Ce genre d'entraînement est incroyablement efficace pour stimuler la croissance musculaire, la perte de gras et les gains en puissance.

Points importants

1. Lorsque vous faites du travail métabolique, vous devriez placer l'emphase sur la vitesse d'exécution de mouvement par-dessus tout.

2. Lorsque vous tentez d'augmenter votre masse musculaire, votre objectif premier devrait être d'utiliser des séries de 30-40 secondes ou de 20-30 secondes.

3. Lorsque vous voulez diminuer votre gras corporel, votre objectif premier devrait être d'utiliser des séries de 30-40 secondes ou de 40-60 secondes.

4. Une résistance élastique est supérieure aux poids libres pour le travail métabolique à haute vitesse.

5. Afin de retirer le maximum du travail métabolique, combinez-le en supersérie avec des mouvements de musculation réguliers. Ceci est particulièrement efficace pendant une période de perte de gras.

Exercices métaboliques efficaces

Il est relativement facile de trouver des mouvements efficaces à utiliser avec cette technique. Ceux que je vais vous présenter ne sont pas les seules options disponibles. Pourvu que vous utilisiez une vitesse rapide et que vos séries durent assez longtemps (tel qu'expliqué plus haut), cette technique sera efficace. Les exercices suivants sont ceux que j'utilise moi-même et avec mes clients. Vous constaterez que la plupart du temps, j'utilise des exercices unilatéraux. Ceci est pour augmenter l'activation des unités motrices à haut seuil d'activation et pour augmenter l'implication du tronc (le travail unilatéral requiert d'avantage de stabilisation) ce qui augmente la dépense énergétique.

Exercice métabolique 1. Coups de poing alternés en position basse

(*Low-position alternate punching*)

S'utilise préférablement en conjonction avec: Tout type de mouvement de presse ou d'écarté incliné

Exercice métabolique 2. Coups de poing alternés en position haute

(*High-position alternate punching*)

S'utilise préférablement en conjonction avec : Tout type de mouvement de presse ou d'écarté décliné.

Exercice métabolique 3. Tir alterné en position basse

(*Low-position alternate pulling*)

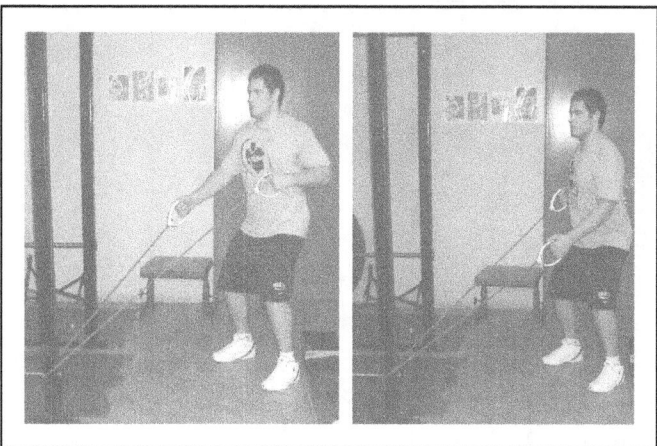

S'utilise préférablement en conjonction avec : Tout type d'exercice de tir horizontal

Exercice métabolique 4. Tir alterné en position haute

(*High-position alternate pulling*)

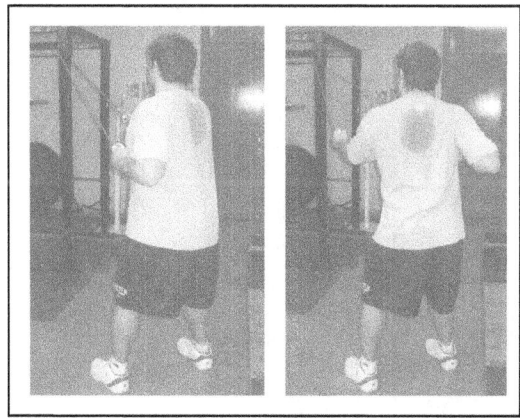

S'utilise préférablement en conjonction avec : Tout type d'exercice de tir vertical

Exercice métabolique 5. Coups de poing alternés pour épaules

(*Alternate shoulder punching*)

S'utilise préférablement en conjonction avec : Tout type de mouvement de presse au dessus de la tête

Exercice métabolique 6. Élévation avant alternée

(*Alternate front raise*)

S'utilise préférablement en conjonction avec : Tout type d'exercice d'élévation avant

Exercice métabolique 7. Élévation latérale

(*Lateral raise*)

S'utilise préférablement en conjonction avec : Tout type de mouvement d'élévation latérale

Exercice métabolique 8. Tirage vertical alterné

(*Alternate vertical pull*)

S'utilise préférablement en conjonction avec : Toute variation de tirage vertical (*upright row*), mouvement olympique ou mouvement d'élévation des épaules (*shrug*).

Exercice métabolique 9. Flexion des bras alternée
(*Alternate curl*)

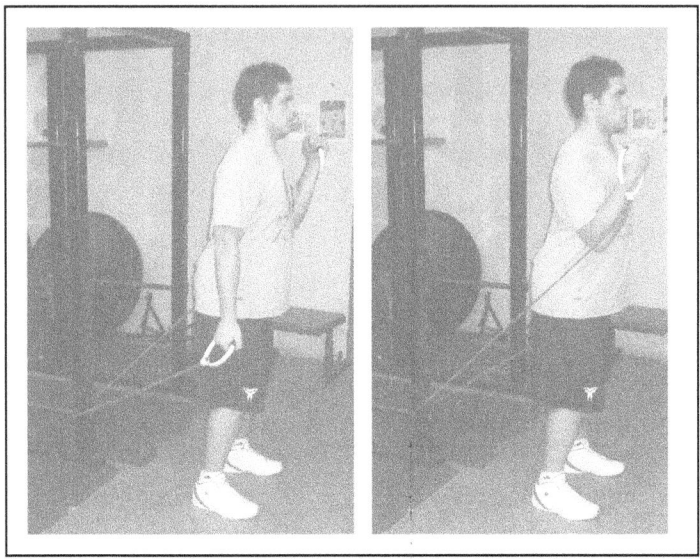

S'utilise préférablement en conjonction avec : Tout type de flexion des bras en supination (paumes vers le haut)

Exercice métabolique 10. Flexion des bras inversée alternée
(*Alternate reverse curl*)

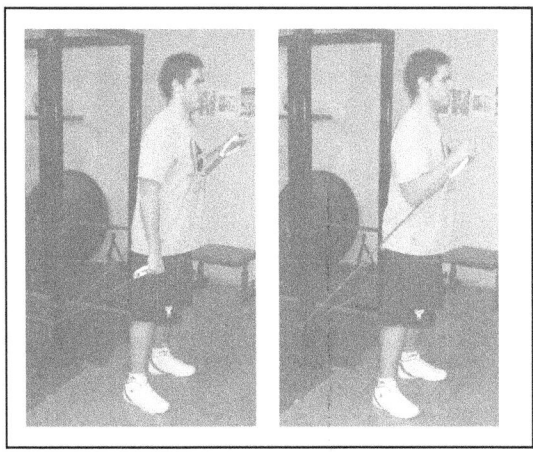

S'utilise préférablement en conjonction avec : Tout type de flexion des bras en pronation (paumes vers le bas) ou prise marteau

Exercice métabolique 11. Extension des triceps alternée
(*Alternate triceps extension*)

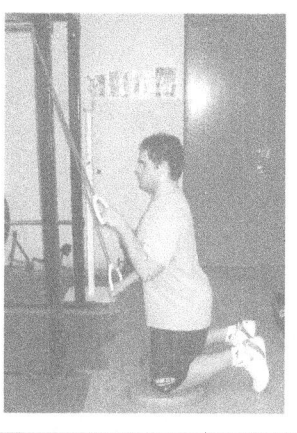

S'utilise préférablement en conjonction avec : Tout type de travail pour les triceps

Travail métabolique pour le bas du corps
Pour le bas du corps, les exercices avec résistance élastique ne sont pas toujours idéaux. Plusieurs exercices différents peuvent être utilisés : sprints, sauts, exercices de musculation faits à haute vitesse (accroupissements par exemple) avec une charge légère. Souvenez-vous : la vitesse et le taux de travail élevé sont les éléments les plus importants.

PRINCIPE 11
Surcharge eccentrique et entraînement en décélération pour la force, la puissance et la masse

Introduction

Nous avons déjà vu que, pour maximiser la croissance, il est important de mettre l'emphase sur la portion eccentrique d'un exercice en exécutant les premiers ¾ de la portion négative du mouvement de façon contrôlée. Dans ce chapitre, je présente plusieurs méthodes d'accentuation pour la portion eccentrique qui peuvent être ajoutées à votre programme pour maximiser encore davantage les gains en force et en masse. Cependant, comprenez que certaines de ces méthodes sont très avancées et ne devraient pas être utilisées par un débutant ou par quelqu'un s'entraînant seul sans supervision.

L'entraînement eccentrique accentué est bénéfique pour les athlètes, les culturistes ainsi que pour *powerlifters*/athlètes de force. Pour les athlètes, l'entraînement eccentrique est également de l'entraînement en décélération; il améliore les capacités du corps à absorber les forces extérieures, ce qui est une composante clé de la performance athlétique de haut niveau (avant de pouvoir vaincre une résistance vous devez d'abord l'absorber et la stopper). Le culturiste y trouvera également son compte en augmentant la stimulation des unités motrices à haut seuil d'activation puisque ces fibres rapides sont activées presque exclusivement pendant ce genre d'entraînement; ceci apportera beaucoup de croissance musculaire directe, mais également une augmentation du potentiel de croissance en améliorant votre capacité neuromusculaire à activer les unités motrices à haut seuil d'activation (les plus « payantes »). Enfin, les *powerlifters* retireront beaucoup de la surcharge eccentrique en stimulant les fibres rapides (fortes et puissantes) mais également en habituant leurs corps à manipuler des charges lourdes.

Comme vous pouvez le constater, l'entraînement eccentrique bien utilisé peut être un ajout très bénéfique à pratiquement tout programme d'entraînement. Il existe plusieurs méthodes du genre que vous pouvez utiliser, qui vont de l'entraînement eccentrique à haute vitesse (une forme d'entraînement en plyométrie) jusqu'aux contractions eccentriques supramaximales. Chacune de ces méthodes possède ses propres bénéfices potentiels. En comprenant quels sont ces bénéfices, vous pourrez sélectionner de façon plus efficace la méthode qui répond le mieux à vos propres besoins. La table suivante adaptée de mon livre "*Theory and Application of Modern Strength and Power Methods*" présente ces différentes approches d'entraînement eccentrique.

Il existe trois types principaux d'entraînement eccentrique, chacun avec ses propres sous-types et applications. Ces trois types d'entraînement sont :

1. Entraînement eccentrique sous-maximal
2. Entraînement eccentrique presque maximal et maximal
3. Entraînement eccentrique supramaximal

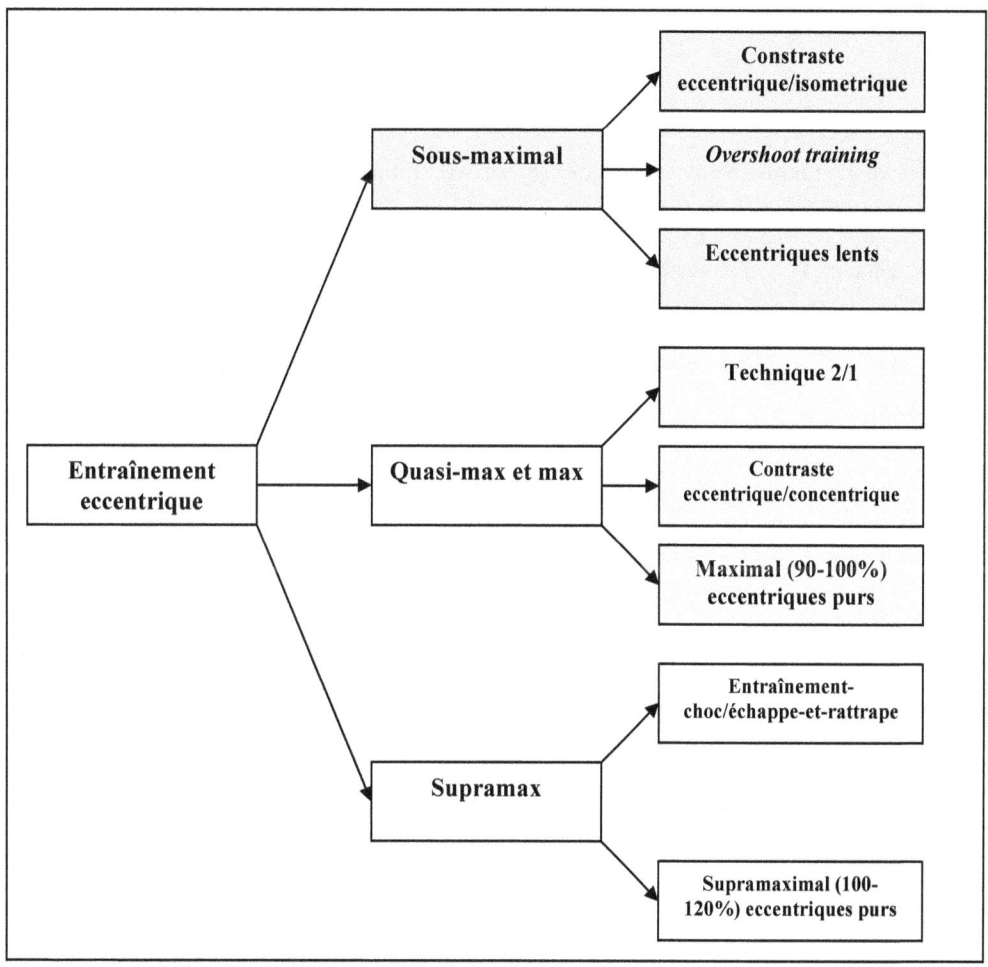

Entraînement eccentrique sousmaximal

Avec l'entraînement sous maximal eccentrique, vous verrez que vous utilisez une résistance inférieure à votre force concentrique. Puisque votre force eccentrique maximale est significativement plus élevée, l'intensité de travail sera donc sous maximale. Donc, afin de créer un effet d'entraînement significatif, nous devons utiliser certaines techniques d'entraînement qui créeront un stimulus important, malgré l'intensité relativement faible. Je présente ici trois de ces techniques (bien qu'il en existe plusieurs autres) : Constraste eccentrique/isometrique, contraste eccentrique/concentrique et eccentriques lents.

<u>Constraste eccentrique/isometrique (version A : eccentriques stoppés)</u>
Dans ce type d'exercice, vous descendez une charge équivalent à 60-80 % de votre force concentrique maximale dans un mouvement, en ajoutant plusieurs pauses pendant la phase eccentrique; plus l'amplitude de mouvement est grande plus vous prendrez de pauses. Chacune de ces pauses devrait durer 3 à 6 secondes. Une fois que la barre a été complètement descendue (lorsque la portion eccentrique du mouvement est complétée) vous soulevez la barre ou demandez à un partenaire de le faire pour vous. Des séries de 1 à 5 répétitions sont habituellement faites; évidemment plus vous prenez de pauses (ou plus elles durent longtemps) et plus la charge est lourde, moins vous ferez de répétitions.

Pour les mouvements de bases qui ont de grandes amplitudes de mouvements (accroupissements, soulevés de terre, etc.), vous devriez utiliser 3-4 pauses, pour les mouvements de base dont les amplitudes de mouvements sont moyennes (développé couché, tirage horizontal ou vertical, levé militaire, etc.) vous devriez prendre 2-3 pauses; enfin, pour les mouvements ayant une amplitude de mouvement plutôt courte, vous devriez utiliser 2 pauses. Notez que cette méthode sera également prescrite dans le chapitre des méthodes isométriques puisqu'elle met l'emphase sur ces deux types d'actions musculaires.

Constraste eccentrique/isometrique (version B: eccentrique iso limite)

Dans cette seconde version, vous utiliserez une charge équivalent à 70-90% de votre maximum concentrique. Vous descendez la barre légèrement (habituellement à l'angle où vous êtes le plus fort dans l'amplitude de mouvement) et vous la maintenez aussi longtemps que vous pouvez (effort isométrique de durée maximale). Lorsque vous ne pouvez plus tenir la charge de façon statique, vous la descendez aussi lentement que vous pouvez jusqu'à ce que vous complétiez l'amplitude de mouvement. Demandez ensuite à un partenaire de vous assister pendant que vous soulevez la barre. Évidemment, une seule répétition est faite par série. Cette technique utilise une contraction isométrique afin de « préfatiguer » les muscles qui devront travailler plus intensément pendant l'action eccentrique subséquente.

Dans les deux cas, les exercices au cours desquels le muscle est pleinement étiré en fin de phase eccentrique sont des choix supérieurs. Ces exercices ont été présentés plus tôt dans ce livre.

Overshoot training

Overshoot fait référence à une activation des fibres rapides pendant la portion eccentrique d'exercices permettant à l'athlète d'être plus explosif lors de la contraction concentrique. Ceci fonctionne en grande partie de la même manière que les *depth jumps* et autres exercices de plyométrie à impact élevé. Pour faire une série *overshoot*, vous devrez utiliser des *weight releasers* (voir la méthode de contraste eccentrique/concentrique pour en savoir plus sur les *weight releasers*) ou demander à un partenaire d'entraînement d'appliquer une pression sur la barre pendant que vous faites la portion eccentrique.

Nous ferons cet *overshoot* en abaissant une charge lourde pendant la portion eccentrique et d'en soulever un plus léger le plus rapidement possible. Nul besoin d'utiliser un eccentrique super lent : contrôlez simplement votre charge. Descendre la barre en 2-3 secondes est adéquat.

La charge devrait se trouver à environ 50-60 % de votre maximum concentrique et vous devriez ajouter 30-40 % aux *releasers*. Par exemple, un athlète pouvant pousser 400 lbs au *bench press* utiliserait les charges suivantes :

a. Poids de la barre = 400lbs x 50 % = 200lbs
b. Poids des *releasers* = 400lbs x 30 % = 120lbs (60lbs par côté)
Poids total = 320lbs/200lbs

Le but est de faire des séries de 2-4 répétitions en utilisant cette méthode. Cependant, les *releasers* sont utilisés seulement lors de la première répétition. Le phénomène est maintenu pour toute la série pourvu que l'accélération soit maintenue au niveau le plus élevé possible. En d'autres mots, la première répétition est exécutée avec une charge lourde abaissée sous contrôle suivie der 2-4 répétitions explosives.

Encore une fois, si vous n'avez pas de *weight releasers* vous pouvez demander à votre partenaire d'appliquer une pression sur la barre pendant que vous la rabaissez et de lâcher la barre quand vous la poussez.

Eccentriques super lents
Cette technique est relativement simple. Utiliser une charge modérée à importante (60-85 % de votre max), vous faites une phase négative super lente alors que la phase positive se fait de façon explosive. Vous devriez rabaisser la barre en 6-12 secondes selon la charge utilisée. Lorsque vous vous entraînez pour augmenter votre volume musculaire, le nombre de répétitions dépendra de votre ratio de fibres musculaires ainsi que de votre tolérance au lactate. Visez l'échec technique à chaque série.

Entraînement eccentrique maximal et quasi maximal
Cette méthode se résume à rabaisser une charge, sous contrôle, charge s'approchant ou atteignant le point de force maximal. J'ai inclus ici trois techniques de base :

1. **La technique 2/1**: En utilisant une charge de 100-150% du max de force concentrique, faites la portion négative (eccentrique) avec un seul membre (ex. : avec le bras droit seulement) et la portion positive (concentrique) avec les deux membres. Par exemple, si vous pouvez utiliser 40lbs avec un seul bras à l'appareil à flexion des bras, utilisez 40-60lbs pour votre série : soulevez la charge de manière explosive avec deux bras et rabaissez-la lentement avec un seul. Faites 3-5 répétitions par bras (en alternant à chaque répétition).

2. **Contraste ecentrique/concentrique** : Cette forme d'entraînement se base sur le contraste d'une charge relativement lourde ou difficile en eccentrique avec une charge beaucoup plus facile faite de façon explosive en concentrique. La charge en phase concentrique devrait être environ 70-80 % de votre maximum et une charge supplémentaire est ajoutée en eccentrique soit avec une paire de *weight releasers* ou manuellement (avec un partenaire).

3. **Eccentriques maximaux purs** : Dans cette variante, connue sous le terme « négatifs », vous ne faites que la portion eccentrique d'un exercice alors qu'un partenaire soulève la charge pour vous afin de la ramener à la position de départ. Puisqu'il ne s'agit pas d'une méthode supra maximale, vous utilisez 90-100 % de votre maximum et le rabaissez avec contrôle en 5 secondes pour des séries de 2-5 répétitions.

Dans chacun de ces trois cas, l'objectif est toujours de rabaisser une charge près de votre capacité maximale. La méthode ne varie que dans la manière de ramener la charge à la position de départ pour une autre répétition (ou pour terminer la série).

La technique 2/1

Cette technique peut être utilisée de façon efficace avec des exercices tel le tirage horizontal assis à la poulie basse, flexion des bras à la poulie, extension des triceps à la poulie, ainsi que la plupart des exercices pour triceps qui peuvent être faits en utilisant le câble et la poulie. Le principe de base est très simple : vous soulevez la charge (concentrique/positif) en utilisant deux membres (les deux bras si vous faites un exercice pour le haut du corps, les deux jambes si c'est un exercice pour le bas du corps) et vous ramenez la charge à la position de départ avec un seul membre.

Donc, la charge lors de la portion eccentrique est deux fois supérieure que lors de la phase concentrique. La charge devrait être assez légère pour que vous puissiez l'accélérer pendant la phase concentrique, mais suffisamment lourde pour que la portion eccentrique soit difficile. Une charge d'environ 70 % de votre maximum à deux membres est un bon point de départ.

La portion positive du mouvement devrait être faite aussi rapidement que possible alors que la portion négative devrait être faite en 5 secondes. Des séries de 3-5 répétitions sont faites pour chaque membre (donc un total de 6-10 répétitions par série).

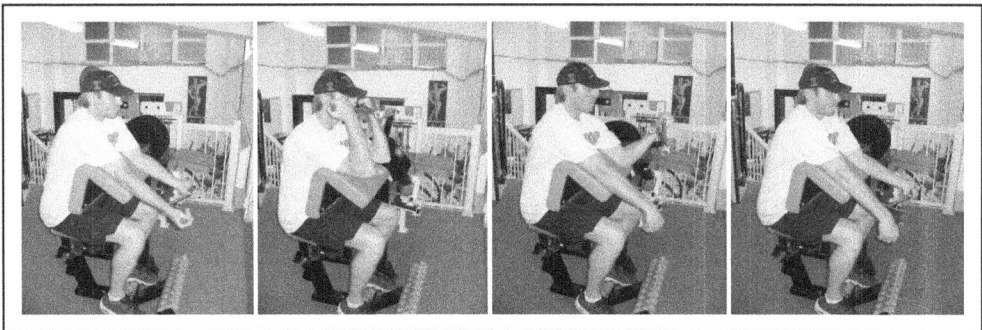

Contraste eccentrique/concentrique

Cette forme d'entraînement se base sur le contraste d'une charge relativement lourde ou difficile en eccentrique avec une charge beaucoup plus facile faite de façon explosive en concentrique. La meilleure façon d'y parvenir consiste à utiliser des *weight releasers* qui sont en fait des crochets suspendus à la barre qui se décrochent en fin de portion eccentrique.

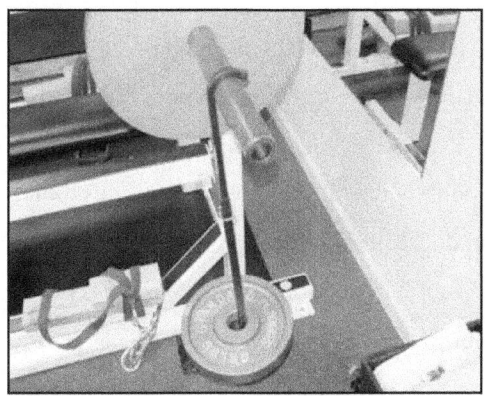 

Les *weight releasers* sont parmi les outils les plus importants qu'un entraîneur puisse acheter. De plus, ils sont peu dispendieux, ce qui en font un achat avantageux ! Vous pouvez vous en procurer en ligne au **www.elitefts.com**. Personnellement, j'utilise cet outil pour entraîner pratiquement tous mes athlètes pour une très grande portion de leur entraînement annuel.

Le fonctionnement des *releasers* est très simple à comprendre. Il ne s'agit en fait que de crochets qui sont chargés et suspendus à la barre. Les crochets « pendent » plus bas que la barre de sorte que lorsque vous abaissez la barre, ils touchent le sol et décrochent de la barre, déchargeant ainsi la barre de la charge additionnelle.

Ils permettent à un athlète d'abaisser une charge plus lourde que celle qu'il pousse. Tel que mentionné dans la section de ce livre traitant du second principe, la portion eccentrique d'un exercice est responsable de bien des gains en force et en masse musculaire.

Une alternative aux *weight releasers* est de demander à un partenaire de pousser sur la barre pour la portion eccentrique. J'ai moi-même utilisé cette technique et elle fonctionne. Cependant, il est très difficile de quantifier les progrès. Quelle est la charge supplémentaire se trouvant sur la barre pendant la portion eccentrique ? 35lbs, 45lbs, 100lbs? Vous ne pouvez pas réellement le savoir. Cette méthode est donc utile, mais elle a ses limites.

Les *releasers* d'un autre côté vous permettent de savoir exactement quelle charge vous ajoutez à la barre pour la portion eccentrique. Ceci rend la quantification possible.

Par exemple, le premier athlète ci-dessous pousse une barre de 455lbs, plus 65lbs ajoutées, par côté, au moyen des *releasers* (total de 130lbs). Le second athlète pousse une barre de 315lbs plus 65lbs par côté. Les deux font 5 répétitions uniques (*singles*) avec cette charge. Voici ce qu'ils inscriraient dans leur journal d'entraînement :

5 x 1 @ 585/455 **5 x 1 @ 445/315**

Comme vous pouvez le constater, en utilisant les *weight releasers* vous pouvez voir facilement ce qui se passe lors de l'entraînement d'un athlète.

La première méthode de contraste eccentrique/concentrique est la **méthode 80 %**. Avec elle, vous utilisez simplement une barre dont le poids est de 80% de la charge totale. Par exemple, si le poids combiné des *releasers* et de la barre est de 400lbs, alors 80 % de cela est 320lbs. Ceci signifie que vous devriez utiliser une barre pesant 320lbs et et 40lbs ajoutées aux *releasers*, de chaque côté (chaque *releaser* pèse 15lbs, donc ici vous ajoutez un surplus de 25lbs sur chacun d'eux). Vous faites la portion eccentrique avec contrôle, en 5 secondes ou plus. Si vous ne pouvez pas contrôler la descente pendant 5 secondes, alors le poids est trop important. S'il est facile de descendre la barre en 5 secondes, alors la charge n'est pas suffisante, vous pouvez ajouter du poids.

Donc pour résumer, notre athlète ayant un max de 400lbs et qui choisit de s'entraîner avec 80% utiliserait une barre pesant 320lbs et ajouterait 25lbs à chacun des *releaser*. De cette façon, il rabaisserait 100 % et soulèverait 80 % de son maximum.

Cette méthode d'entraînement devrait être faite pour des séries de plusieurs répétitions. Puisque les *releasers* doivent être replacés à chacune d'elle, je propose deux approches :

1. **Entraînement groupé (*Cluster training*)** : Faites 5-8 répétitions uniques (*singles*) avec 5-10 secondes de repos entre chacune. Après chaque répétition, replacez la barre sur les supports et replacez les *releasers* (ou demandez à un partenaire de le faire pour vous).

2. **Entraînement avec pause (*Paused training*)** : Faites 5-8 répétitions, mais après chacune d'elle, tenez la barre à bout de bras pendant que deux partenaires replacent les *releasers*.

Personnellement, je préfère l'option 1. L'option 2 est un peu plus risquée, parce que si les *releasers* ne sont pas replacés exactement au même moment et simultanément, une blessure peut survenir. Cependant, l'option 2 a l'avantage de garder les muscles sous tension pendant une période de temps plus longue, ce qui peut être préférable pour des fins d'hypertrophie.

Tel que mentionné précédemment, vous pouvez utiliser une surcharge manuelle au lieu des fameux *releasers* : votre partenaire devra pousser sur la barre pendant la portion eccentrique (pour rajouter du « poids ») pour ensuite lâcher la barre pendant que vous faites la portion positive. Bien que cette méthode ai le désavantage d'être moins précise qu'en utilisant les *weight releasers* (parce que vous ne savez pas exactement combien de pression le partenaire place sur la barre) elle possède son avantage également : puisque vous ne faites pas de pause entre les répétitions, la méthode de surcharge manuelle est probablement plus appropriée pour stimuler la croissance musculaire. Elle vous permet aussi de faire plus de répétitions par série alors que votre partenaire peut diminuer la pression qu'il place sur la barre pour accommoder votre niveau de fatigue au fur et à mesure que la série progresse.

Eccentriques maximaux purs

Cette méthode prescrit des charges allant entre 90 et 100 % de votre maximum sur un exercice donné, que vous utilisez uniquement pendant la portion négative du mouvement. Votre partenaire vous aide généreusement à replacer la barre en position de départ. La portion eccentrique devrait être faite en 5 secondes ou plus, et vous continuez de faire des répétitions jusqu'à ce que vous ne puissiez plus contrôler la descente pendant 5 secondes. Ceci prendra environ 3-4 reps si vous utilisez 90-95 % et 1-2 répétitions avec 95-100 %.

Entraînement eccentrique supramaximal

Pendant une série eccentrique supramaximale, les muscles et tendons sont placés sous un stress plus grand que lors d'une contraction concentrique volontaire. Ceci est fait soit en absorbant et en stoppant brusquement une charge qui tombe (entraînement-choc et la méthode échappe & attrape), en faisant une action eccentrique à haute vitesse (eccentrique en survitesse) ou en rabaissant une charge plus lourde que votre concentrique maximal (eccentriques supramaximaux avec 100-120%). Dans ces trois variantes, les muscles doivent produire un niveau de tension qui excède ce qui est normalement produit lors d'un exercice utilisant 100% du max. Ceci produit évidemment un effet d'entraînement incroyable sur le système musculaire et sur les structures musculaires.

<u>Entraînement-choc et méthode échappe & attrape</u>

Comme nous l'avons vu plus tôt, l'entraînement-choc fait référence à la plyométrie. Je ne le répéterai pas de peur de passer pour un vieux grand-père sénile! Je me contenterai de dire que l'entraînement-choc fonctionne selon deux modes : d'abord par un étirement sous tension très important et par l'activation/raideur musculaire, ce qui augmentera la production de puissance des mouvements explosifs subséquents. L'entraînement-choc (et la méthode échappe & attrape que nous verrons plus bas) constitue une forme d'eccentrique supramaximal compte tenu de la grande force déployée par les muscles pendant la réception. Par exemple, pendant un *depth jump*, la résistance externe provenant de l'énergie cinétique accumulée peut être de 6 fois celle de votre poids corporel lors du contact au sol.

La méthode échappe & attrape ainsi que la méthode échappe, attrape & soulève ne sont ni plus ni moins que de la plyométrie avec charge. Je fais référence à ces types d'entraînement comme étant de l'entraînement en décélération/arrêt (échappe & attrape) ou arrêt/soulève (échappe, attrape et soulève). Le principe de base est le même que pendant un entraînement en plyométrie : vous augmentez la résistance extérieure au moyen d'une masse ayant accumulé de l'énergie cinétique pendant sa chute, (dans le cas de la plyométrie, la source de résistance est votre propre poids alors qu'avec la méthode échappe & attrape la source de résistance est une barre), et en absorbant la force en stoppant abruptement sa chute (en tendant vos muscles solidement, dès la réception) pour ensuite poursuivre avec une action concentrique (s'il s'agit d'un exercice utilisant le principe échappe, attrape et soulève). Ci-dessous se trouve une illustration de quelques exercices échappe & attrape. Comprenez que la phase de chute est très courte puisque vous devez attaquer la charge dans sa chute et la stopper abruptement. La qualité des photos ci-dessous n'est peut-être pas parfaite, cependant vous comprendrez l'idée générale.

Exemples d'exercices « échappe & attrape »

Flexion des bras

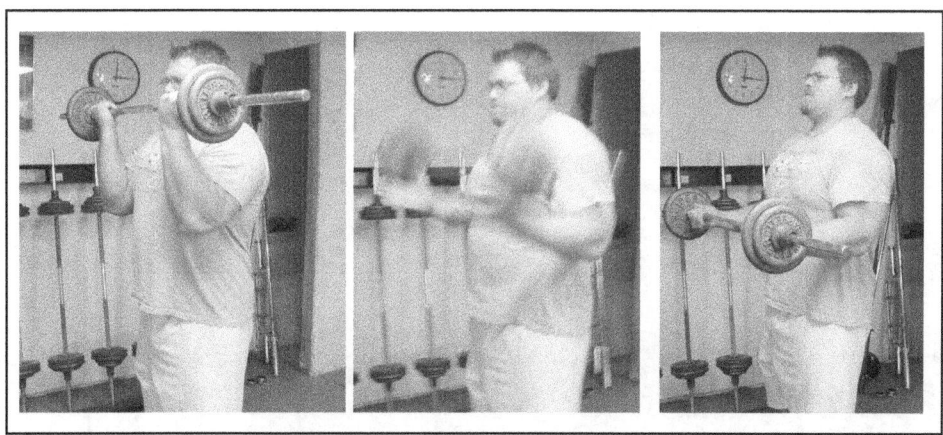

Point (s) important (s): Attrapez la barre avec les bras fléchis à 90 degrés. **DÈS** que la barre touche vos mains (sur réception) vous devez tendre vos muscles aussi fort que possible afin de stopper la chute de la barre. Dans la méthode échappe & attrape, vous gardez les biceps aussi fortement contractés que possible avec les bras fléchis à 90 degrés pour 3-5 secondes avant de retourner à la position de départ.

Flexion des bras échappe, attrape et soulève

Point (s) important (s): Attrappez la barre avec les bras fléchis à 90 degrés. À l'instant où la barre touche vos mains (lors de la réception) vous devez tendre vos muscles aussi fort que possible afin d'arrêter la chute de la barre aussi rapidement que possible. Pour cette variante de la méthode échappe, attrape et soulève, vous explosez vers le haut, de retour à la position de départ dès que vous attrapez la barre. Prenez tout de même le temps de bien vous repositionner entre les répétitions pour vous assurer que chacune d'elles soit de bonne qualité.

Tirage vertical échappe & attrape

Point (s) important (s): Attrappez la barre avec les bras fléchis à 90 degrés. Dès que vous attrapez la barre, tenez la position de réception pendant 3-5 secondes. En gardant votre dos aussi tendu que possible avant de retourner à la position de départ.

Tirage vertical buste penché en mode échappe, attrape et soulève
(*Drop, catch & lift barbell rowing*)

Point (s) important (s): Attrappez la barre avec les bras fléchis à 90 degrés. À l'instant où la barre touche vos mains (lors de la réception) vous devez tendre vos muscles aussi fort que possible afin d'arrêter la chute de la barre aussi rapidement que possible. Lors de cette variante de la méthode échappe, attrape et soulève, vous explosez vers le haut, de retour à la position de départ, dès que vous attrapez la barre. Prenez tout de même le temps de bien vous repositionner entre les répétitions pour vous assurer que chacune d'elles soit de bonne qualité.

Élévation avant échappe & attrape

Point (s) important (s): Laissez tomber la barre et attrapez-la à bout de bras alors qu'elle atteint la portion la plus haute de l'abdomen. Comme pour les autres exercices, arrêtez la chute de la barre aussi abruptement que possible en contractant fortement vos deltoïdes dès que vous attrapez la barre. Dans cette variante de la méthode, tenez la position basse pendant 3-5 secondes alors que vous contractez fortement vos deltoïdes avant de retourner à la position de départ.

Élévation avant échappe, attrape et soulève

Point (s) important (s): Laissez tomber la barre et attrapez-la à bout de bras alors qu'elle atteint la portion la plus haute de l'abdomen. Comme pour les autres exercices, arrêtez la chute de la barre aussi abruptement que possible en contractant fortement vos deltoïdes dès que vous attrapez la barre. Dans cette variante, vous explosez vers le haut pour retourner à la position de départ dès que vous attrapez la barre. Prenez tout de même le temps de bien vous repositionner entre les répétitions pour vous assurer que chacune d'elles soit de bonne qualité.

Il ne s'agit là que de quelques exemples, la méthode échappe attrape (et soulève) peut s'appliquer à la plupart des mouvements faits avec une barre, (quoi que je vous suggère fortement de ne pas essayer cela avec une barre au dessus de la tête comme pour le levé militaire!), pourvu que la règle d'or de la décélération abrupte de la chute de la barre soit respectée.

D'autres mouvements : développé couché, développé couché incliné, développé couché décliné, tirage vertical debout, accroupissements (squats), fentes, etc.

Souvenez-vous que la charge que vous utilisez n'est pas aussi importante que le fait de freiner la barre abruptement. Si vous devez absorber le poids de la barre en freinant sur une trop grande distance, alors la charge est trop lourde comparativement à votre force de décélération actuelle.

Eccentriques supramaximaux pures

Cette méthode utilise des charges entre 100 et 120 % de votre maximum concentrique pour un exercice donné et vous ne faites que la portion eccentrique de l'exercice, votre partenaire d'entraînement vous aidant généreusement à replacer la barre en position de départ. La portion eccentrique devrait être faite en 5 secondes ou plus. Si vous ne pouvez pas contrôler la descente en 5 secondes ou plus, alors la charge est trop lourde. Seules des répétitions uniques (*singles*) devraient être utilisées avec cette méthode. De toute façon, vous ne devriez utiliser cette méthode que rarement. Seuls des athlètes bien entraînés devraient l'utiliser, et pas très souvent. Évidemment, les weight releasers peuvent être utilisés pour cette méthode, et totu ce qui à été dit à leur sujet s'applique toujours, seul la charge utilisée sur les releasers (plus lourd) et le nombre de répétitions (une seule) ne changent.

Organisation des exercices

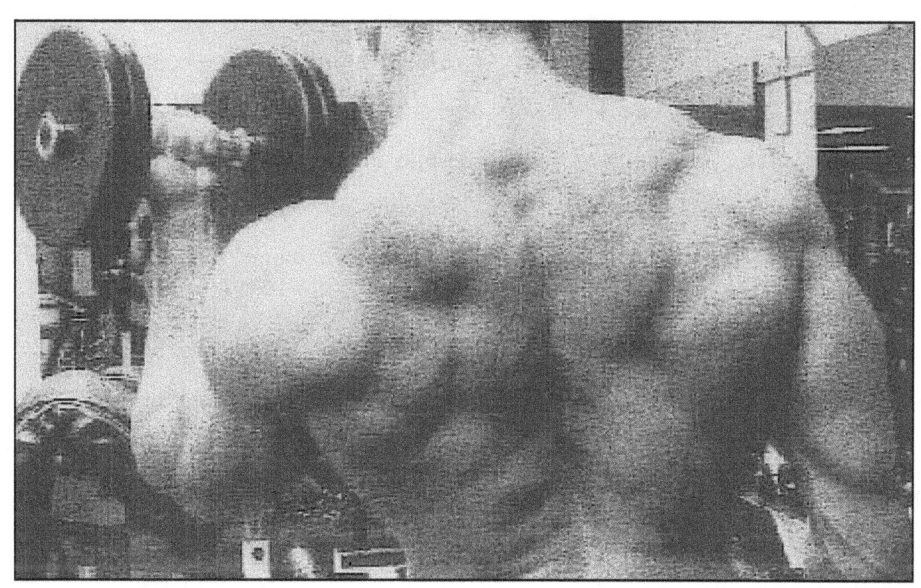

Introduction

Dans les chapitres précédents, nous avons couvert les exercices les plus efficaces pour stimuler la croissance musculaire pour chacun des groupes musculaires. J'ai également détaillé plusieurs types d'exercices :

Activation: Ces exercices servent à augmenter l'activation neurale d'un groupe musculaire donné. Ces exercices sont également, quoi qu'indirectement, utiles pour les athlètes grâce à leur effet bénéfique sur l'équilibre et la stabilité. Ils se font habituellement sur des surfaces instables.

Potentialisation : Exercices qui visent la facilitation neurale, également appelée potentialisation post-tétanique et *high frequency initial pulse potentiation*. En termes simples, ces exercices explosifs mènent à une plus importante stimulation musculaire et une production de force plus grande lors des séries subséquentes. Prenez note que la plyométrie, ainsi que la méthode échappent & attrape et échappe, attrape & soulève sont inclus dans notre liste d'exercices de potentialisation.

Stimulation : Ces exercices visent à stimuler la croissance musculaire. Ces mouvements sont ceux qui sont les plus appropriés afin de recruter les unités motrices à haut seuil d'activation du groupe musculaire travaillé et qui mèneront à la plus grande croissance musculaire possible.

Métabolique : Exercices faits à haute vitesse pour une période de temps donnée (20-60 secondes). L'objectif est de faire autant de travail physique que possible à l'intérieur de ce temps alloué. Ce genre d'entraînement augmente la dépense énergétique et améliore l'efficacité de la filière énergétique glycolytique.

À cela nous pouvons ajouter les différents exercices eccentriques accentués.

Il y a plusieurs façons d'organiser ces différents types d'exercices. Ils peuvent soit être faits de façon autonome, en supersérie ou en série géante, selon votre objectif. Dans ce chapitre je décrirai les différentes combinaisons qu'il est possible d'utiliser lors de la conception d'un programme d'entraînement.

Exercice d'activation autonome

Lorsque vous faites un exercice d'activation de façon autonome, vous le faites soit pour « réveiller » le système nerveux au début de l'entraînement ou encore afin de travailler la stabilité et l'équilibre. Si votre objectif principal est d'augmenter votre masse maigre, le premier aspect est sans aucun doute le plus important pour vous. C'est pourquoi, si vous décidez d'utiliser un exercice de stimulation de manière autonome, faites-le au début de votre entraînement afin d'en améliorer l'efficacité du reste de votre programme d'entraînement.

Exercice de potentialisation autonome

Semblable au mouvement d'activation, un mouvement de potentialisation peut « réveiller » le système neuromusculaire si vous le faites en premier lors d'un entraînement. Ces exercices explosifs peuvent ainsi améliorer la performance à l'entraînement s'ils sont faits tôt à l'entraînement. Dans la plupart des cas, ils possèdent également un certain effet d'entraînement propre à eux, en particulier en ce qui concerne les gains en puissance. Si vous utilisez à la fois un exercice de potentialisation et d'activation, les deux de manière autonome, vous devriez d'abord faire le mouvement d'activation et ensuite faire le mouvement de potentialisation. Si vous ne faites que le mouvement de potentialisation de façon autonome, alors faites-le en premier lors de votre entraînement.

Exercice de stimulation autonome

Ceux-ci représentent la pierre angulaire de la plupart des programmes de croissance musculaire. Leur objectif principal est de stimuler la croissance musculaire, afin de le faire de la meilleure façon possible vous devriez faire vos séries en zone d'hypertrophie fonctionnelle (6-8 répétitions) ou en force-endurance (12-15 répétitions).

Exercice métabolique autonome

Les séries métaboliques, impliquant une quantité de travail maximale à faire pendant une période de temps déterminé, sont réellement conçues pour être faites comme faisant partie d'une supersérie, combiné avec un exercice de stimulation ou de potentialisation. De façon autonome, ces exercices peuvent servir d'outil de mise en forme anaérobique pour les athlètes participants à des sports où l'action est de courte durée, mais très intense. Cela dit, lorsqu'il est question de modifier la composition corporelle, ce genre d'exercice doit réellement être utilisé comme composante d'une supersérie.

Supersérie activation + stimulation (Supersérie préactivation)

Ce modèle d'organisation utilise deux exercices pour un groupe musculaire, les deux exécutés en supersérie (aucun repos entre exercice A et exercice B). Dans une supersérie de préactivation, nous faisons le mouvement d'activation d'abord et faisons ensuite l'exercice de stimulation. Par exemple, nous pourrions faire 10 *push-ups* les mains sur un ballon d'exercice et ensuite 8-10 répétitions de développé couché. Cette approche est mieux utilisée quand quelqu'un a de la difficulté à stimuler le groupe musculaire visé pendant un exercice de stimulation. Par exemple, si vous avez de la difficulté à bien stimuler vos pectoraux lors du développé couché, faire des *push-ups* sur le ballon d'exercice en premier améliorera l'activation des fibres des pectoraux, ce qui vous permettra de les impliquer davantage lors du développé couché subséquent. Comme inconvénient, l'exercice de stimulation fatiguera également les autres muscles impliqués dans le mouvement et peut ainsi mener à un stimulus de croissance moindre. Il est donc préférable de réserver cette approche pour « régler » des problèmes d'activation de certaines fibres difficile à « atteindre ».

Supersérie stimulation + activation (Supersérie postactivation)

Ceci ressemble énormément à la technique précédente en ce sens que vous faites une supersérie avec un mouvement de stimulation et un mouvement d'activation. Cette fois cependant, vous faites l'exercice de stimulation en premier. L'exercice d'activation vous permet « d'achever » un muscle sous-stimulé en allant activer les dernières fibres musculaires plus récalcitrantes qui n'ont pas été suffisamment fatiguées par le mouvement de stimulation.

Cette approche vous permet également d'utiliser plus de charge pour l'exercice de stimulation ce qui mènera à un meilleur stimulus d'hypertrophie. Évidemment, nous n'obtiendrons pas d'effet de potentialisation pour la première série puisqu'il n'y à pas d'exercice d'activation qui précède la première série de l'exercice de stimulation. Cependant, les autres séries (2ième, 3ième, 4ième, etc.) seront potentialisées par les exercices d'activation des séries précédentes puisque l'effet dure jusqu'à 3 minutes après la cessation de l'exercice.

Supersérie de potentialisation + stimulation (Supersérie prépotentialisation)
Ce type de supersérie est plutôt commun dans le monde du conditionnement athlétique, un exercice de puissance combiné en supersérie avec un exercice lourd. Ceci se nomme « entraînement en complexe » (*complex training*). Pour des fins de croissance musculaire, ce genre de supersérie agit ni plus ni moins comme une supersérie « activation + stimulation » avec les mêmes « pour » et « contre ». Un bénéfice supplémentaire est que la plupart des exercices de potentialisation ont un effet d'entraînement significatif sur la production de puissance, l'hypertrophie, ou les deux. Tout comme pour la supersérie « activation + stimulation », le problème repose sur le fait que l'exercice de potentialisation peut créer une certaine fatigue qui peut nuire à la performance lors de l'exercice de stimulation. En utilisant des exercices de potentialisation légers comme la plyométrie, les *push-ups* en projection ou lancers du ballon médical, il n'y a aucun problème à faire le mouvement de potentialisation en premier puisque ces exercices ne provoqueront pas trop de fatigue.

Supersérie stimulation + potentialisation (Supersérie postpotentialisation)
Les mêmes choses dites à propos de la supersérie stimulation + activation peuvent être dites de la supersérie stimulation + potentialisation. Les bénéfices sont très similaires à ceux de la supersérie « potentialisation + stimulation » sans l'effet de fatigue lors de

l'exercice de stimulation. Le mouvement de potentialisation procurera tout de même certains bénéfices puisque l'effet facilitant peut durer 3-5 minutes.

Supersérie potentialisation + supersérie métabolique (supersérie puissance-endurance)
Cet agencement d'exercices est plus approprié pour le développement athlétique que pour stimuler la croissance musculaire. Il est tout particulièrement efficace pour les athlètes dont la discipline requiert de la puissance-endurance (haut niveau de production de puissance soutenue pendant des périodes de 30-60 secondes) comme le hockey sur glace, le 200-400m sprint, la gymnastique, le patinage de fantaisie, etc. L'exercice de potentialisation vous permet de développer une production de puissance maximale alors que le travail métabolique à haute vitesse agit davantage sur les capacités anaérobiques/puissance-endurance.

Supersérie stimulation + supersérie métabolique (supersérie force-endurance)
Cette méthode est très efficace pour améliorer la composition corporelle. Elle aura un effet très puissant sur la croissance musculaire, mais le simple fait de bien stimuler les unités motrices à haut seuil d'activation ainsi que les composantes métaboliques favorise la mobilisation et la fonte du gras.

Série géante activation + stimulation + métabolique (série géante organique 1)
Chacune des quatre séries organiques géantes peut être utilisée soit pour la perte de gras ou pour la croissance musculaire dans un programme intermédiaire ou avancé. La première série géante organique est particulièrement efficace dans le cas d'un groupe musculaire sous-développé et qui est devenu récalcitrant à cause de synergistes dominants (ex. : pectoraux faibles à cause de deltoïdes forts).

Série géante potentialisation + stimulation + métabolique (série géante organique 2)
Ce genre de supersérie mènera immanquablement à la croissance musculaire et à une perte de gras légère. Cela dit, son application la plus fondamentale est sans doute mieux appréciée lorsque vient le temps d'entraîner des athlètes puisqu'elle permet le

développement de la puissance, de la force et de la capacité anaérobique, simultanément, ressemblant énormément aux mouvements que l'on retrouve normalement dans les sports (pensez au départ puissant d'un joueur offensif au football et de l'effort soutenu qu'il doit fournir alors qu'il lutte contre son opposant. Au fur et à mesure que le jeu progresse, il aura de plus en plus besoin de capacité anaérobique pour maintenir le même niveau de performance)

Série géante stimulation + activation + métabolique (série géante organique 3)
De toutes les séries géantes organiques, c'est celle-ci qui vous procurera les meilleures adaptations en terme de composition corporelle. En plaçant l'exercice de stimulation en premier, alors que vos systèmes sont à peu près frais et dispo, vous pourrez utiliser des charges plus lourdes et ainsi obtenir une contraction musculaire plus intense. L'exercice d'activation vous préparera ensuite pour l'exercice métabolique tout en puisant dans les dernières unités motrices à haut niveau d'activation.

Série géante stimulation + stimulation + métabolique (série organique géante 4)
Il s'agit de la meilleure approche afin de stimuler la croissance musculaire. Vous utilisez deux exercices de stimulation (un exercice multi-articulaire et un exercice d'isolation) ainsi qu'un exercice métabolique pour le même groupe musculaire.

Série géante potentialisation + stimulation + activation + métabolique (série géante complète)
Cette série géante devrait être gardée en réserve pour les phases de perte de gras chez les individus plutôt avancés, puisqu'elle requiert une capacité de travail très élevée. Il ne s'agit pas d'une méthode avec laquelle vous pouvez jouer les malins sans avoir graduellement augmenté votre tolérance au stress et travail physique.

Afin de bien faire ce genre de supersérie, vous devez déjà avoir un excellent niveau de conditionnement physique général. Bien qu'une croissance musculaire timide puisse découler de cette méthode, vous ne devriez pas vous attendre à ce que ça se produise, puisque cette méthode est plus efficace pour diminuer le gras corporel et améliorer le conditionnement anaérobique. Elle peut tout aussi bien être ajoutée au programme d'entraînement d'un athlète qui doit faire beaucoup de travail intensif pour des périodes de 2-3 minutes (boxeurs, combats extrêmes, lutteurs, etc.)

Points importants concernant la conception de programmes d'entraînement

---

1. Peu importe l'exercice, la charge utilisée ou le niveau de fatigue, vous devriez toujours tenter de produire autant de force que possible à chaque répétition contentrique.

2. Mis à part les exercices de potentialisation, chaque répétition eccentrique devrait être faite sous contrôle, tout en contractant activement les muscles travaillés.

3. Vous devez précéder chaque répétition concentrique avec un étirement du groupe musculaire travaillé. Une répétition devrait se dérouler ainsi: contrôlé et contracté (premiers ¾ de la répétition eccentrique), étirement (dernier ¼ de la répétition eccentrique), explosion! (concentrique).

4. Choisissez les meilleurs exercices pour faire le travail. La sélection des exercices est très importante et ne devrait pas être prise à la légère.

5. Si vous désirez réveiller le système nerveux, vous pouvez ajouter un exercice d'activation ou de potentialisation à votre programme.

6. Si vous désirez accélérer la perte de gras tout en augmentant votre masse musculaire, vous pouvez ajouter un peu de travail métabolique à haute vitesse à votre programme.

Exemples de patrons d'entraînement

Les patrons suivants vous démontreront comment concevoir vos propres programmes de musculation en incluant les méthodes décrites dans ce livre. Évidemment, selon votre objectif, la structure d'entraînement et l'organisation varieront.

Patrons de gains musculaires

Aux fins de croissance musculaire, vous devriez commencer l'entraînement de chaque groupe musculaire avec une fréquence de deux fois par semaine (les épaules et les bras peuvent être entraînés une seule fois par semaine étant donné qu'ils reçoivent déjà passablement de stimulation pendant les autres jours). Selon vos capacités de récupération, votre horaire de travail et votre apport nutritionnel, vous devrez diviser ce volume hebdomadaire en 3 à 6 séances d'entraînement. Il s'agit là du patron pour chaque groupe musculaire. Si vous entraînez deux groupes musculaires par séance vous devez utiliser le patron pour les deux groupes musculaires; si vous entraînez trois groupes musculaires, utilisez le patron pour les trois, etc. Évidemment, il ne s'agit là que d'exemples que vous pouvez modifier en utilisant l'information contenue ici.

Patron croissance musculaire – Débutant		
Exercice	Méthode	Paramètre de surcharge
1.	Exercice d'activation	3-4 séries de 8-10 répétitions (ou max de répétitions s'il s'agit d'un mouvement sans charge)
2.	Exercice de stimulation (multi-articulaire ou exercice le plus fort)	3-4 séries de 10 à 12 répétitions
3a.	Supersérie de stimulation + activation	3-4 séries de 10 à 12 répétitions
3b.		3-4 séries, maximum répétitions
4.	Exercice de stimulation (isolation)	3-4 séries de 12 à 15 répétitions

Patron croissance musculaire – Intermédiaire		
Exercice	Méthode	Paramètre de surcharge
1a.	Supersérie activation + stimulation	3-4 séries, maximum répétitions
1b.		3-4 séries de 10 à 12 répétitions
2.	Exercice de stimulation (multi-articulaire ou exercice le plus fort)	3-4 séries de 8 à 10 répétitions
3a.	Supersérie stimulation (multi-articulaire) + stimulation (isolation)	3-4 séries de 8 à 10 répétitions
3b.		3-4 séries de 10 à 12 répétitions

Patron croissance musculaire – Avancé		
Exercice	Méthode	Paramètre de surcharge
1a.	Supersérie activation + stimulation	3-4 séries, maximum répétitions
1b.		3-4 séries de 8 à 10 répétitions
2a.	Supersérie potentialisation + stimulation	3-4 séries de 8 à 10 répétitions
2b.		3-4 séries de 6 à 8 répétitions
3a.	Série géante stimulation (multi-articulaire) + stimulation (isolation) + métabolique	3-4 séries de 8 à 10 répétitions
3b.		3-4 séries de 10 à 12 répétitions
3c.		3-4 séries de 20-30 secondes

Patron perte de gras – Débutant		
Exercice	Méthode	Paramètre de surcharge
1a.	Supersérie activation + métabolique	3-4 séries, maximum répétitions
1b.		3-4 séries de 30 à 40 secondes
2a.	Supersérie stimulation + métabolique	3-4 séries de 12 à 15 répétitions
2b.		3-4 séries de 30-40 secondes.
3a.	Supersérie stimulation + métabolique	3-4 séries de 12 à 15 répétitions
3b.		3-4 séries de 30-40 secondes.

Patron perte de gras – Intermédiaire		
Exercice	Méthode	Paramètre de surcharge
1a.	Supersérie activation + métabolique	3-4 séries, maximum répétitions
1b.		3-4 séries de 30 à 40 secondes
2a.	Supersérie stimulation + métabolique	3-4 séries de 12 à 15 répétitions
2b.		3-4 séries de 30-40 secondes.
3a.	Série géante stimulation + activation + métabolique	3-4 séries de 12 à 15 répétitions
3b.		3-4 séries, maximum répétitions
3c.		3-4 séries de 30-40 secondes

Patron perte de gras – Avancé		
Exercice	Méthode	Paramètre de surcharge
1a.	Supersérie activation + métabolique	3-4 séries, maximum répétitions
1b.		3-4 séries de 30 à 40 secondes
2a.	Série géante stimulation + activation + métabolique	3-4 séries de 12 à 15 répétitions
2b.		3-4 séries, maximum répétitions
2c.		3-4 séries de 30-40 secondes
3a.	Série géante stimulation (multi-articulaire) + stimulation (isolation) + métabolique	3-4 séries de 12 à 15 répétitions
3b.		3-4 séries de 15 à 20 répétitions
3c.		3-4 séries de 30-40 secondes

Patron force général – Débutant		
Exercice	Méthode	Paramètre de surcharge
1.	Exercice d'activation	3-4 séries, maximum répétitions
2.	Exercice de potentialisation	3-4 séries de 6 à 8 répétitions
3.	Exercice de stimulation (principal)	4-5 séries de 4-6 répétitions
4.	Exercice de stimulation (assistance)	3-4 séries de 6 à 8 répétitions

Patron force général – Intermédiaire		
Exercice	Méthode	Paramètre de surcharge
1.	Exercice d'activation	3-4 séries, maximum répétitions
2.	Exercice de potentialisation	3-4 séries de 6 à 8 répétitions
3.	Exercice de stimulation (principal)	5-6 séries de 2-4 répétitions
4.	Exercice de stimulation (assistance)	4-5 séries de 4 à 6 répétitions

Patron force général – Avancé		
Exercice	Méthode	Paramètre de surcharge
1.	Exercice de potentialisation	3-4 séries de 6 à 8 répétitions
2.	Exercice de stimulation (principal)	5-6 séries de 1-3 répétitions
3.	Exercice de potentialisation	3-4 séries de 6 à 8 répétitions
4.	Exercice de stimulation (assistance)	4-5 séries de 3 à 5 répétitions

Notez que pour les entraînements de dynamophilie suivants, je recommande d'utiliser la division des entraînements d'Ed Coan pour les accroupissements, développé couché, soulevé de terre et développé couché (4 entraînements hebdomadaires).

Patron dynamophilie (*powerlifting*) – Débutant (entraînement de développé couché)		
Exercice	Méthode	Paramètre de surcharge
1.	Exercice d'activation	3-4 séries, maximum répétitions
2.	Exercice de stimulation (variantes du développé couché)	4-5 séries de 4-6 répétitions
3.	Exercice de stimulation (poitrine)	3-4 séries de 6 à 8 répétitions
4.	Exercice de stimulation (triceps)	3-4 séries de 6 à 8 répétitions
5.	Exercice de stimulation (épaules)	3-4 séries de 6 à 8 répétitions

Patron dynamophilie (*powerlifting*) – Débutant (entraînement de soulevé de terre)		
Exercice	Méthode	Paramètre de surcharge
1.	Exercice d'activation	3-4 séries, maximum de répétitions
2.	Exercice de stimulation (variantes du soulevé de terre)	4-5 séries de 4-6 répétitions
3.	Exercice de stimulation (ischios)	3-4 séries de 6 à 8 répétitions
4.	Exercice de stimulation (dos)	3-4 séries de 6 à 8 répétitions
5.	Exercice de stimulation (bas du dos)	3-4 séries de 10 à 12 répétitions
6.	Exercice de stimulation (biceps)	3-4 séries de 10 à 12 répétitions

Patron dynamophilie (*powerlifting*) – Débutant (entraînement d'accroupissement)		
Exercice	Méthode	Paramètre de surcharge
1.	Exercice d'activation	3-4 séries, maximum répétitions
2.	Exercice de stimulation (variantes de l'accroupissement)	4-5 séries de 4-6 répétitions
3.	Exercice de stimulation (quadriceps)	3-4 séries de 6 à 8 répétitions
4.	Exercice de stimulation (dos)	3-4 séries de 6 à 8 répétitions
5.	Exercice de stimulation (bas du dos)	3-4 séries de 6 à 8 répétitions

Patron dynamophilie (*powerlifting*) – Intermédiaire (entraînement de développé couché)		
Exercice	Méthode	Paramètre de surcharge
1.	Exercice d'activation	3-4 séries, maximum répétitions
2.	Exercice de potentialisation	3-4 séries de 6 à 8 répétitions
3.	Exercice de stimulation (variante du développé couché)	5-6 séries de 2-4 répétitions
4.	Exercice de stimulation (poitrine)	3-4 séries de 4 à 6 répétitions
5.	Exercice de stimulation (triceps)	3-4 séries de 4 à 6 répétitions
6.	Exercice de stimulation (épaules)	3-4 séries de 6 à 8 répétitions

Patron dynamophilie (*powerlifting*) – Intermédiaire (entraînement de soulevé de terre)

Exercice	Méthode	Paramètre de surcharge
1.	Exercice d'activation	3-4 séries, maximum répétitions
2.	Exercice de potentialisation	3-4 séries de 6 à 8 répétitions
3.	Exercice de stimulation (variantes du soulevé de terre)	5-6 séries de 2-4 répétitions
4.	Exercice de stimulation (ischios)	3-4 séries de 4 à 6 répétitions
5.	Exercice de stimulation (dos)	3-4 séries de 4 à 6 répétitions
6.	Exercice de stimulation (bas du dos)	3-4 séries de 8 à 10 répétitions
7.	Exercice de stimulation (biceps)	3-4 séries de 8 à 10 répétitions

Patron dynamophilie (*powerlifting*) – Intermédiaire (entraînement d'accroupissement)

Exercice	Méthode	Paramètre de surcharge
1.	Exercice d'activation	3-4 séries, maximum répétitions
2.	Exercice de stimulation (variantes de l'accroupissement)	3-4 séries de 6 à 8 répétitions
3.	Exercice de stimulation (quadriceps)	5-6 séries de 2-4 répétitions
4.	Exercice de stimulation (dos)	3-4 séries de 4 à 6 répétitions
5.	Exercice de stimulation (bas du dos)	3-4 séries de 4 à 6 répétitions
6.	Exercice d'activation	3-4 séries de 8 à 10 répétitions

Patron dynamophilie (*powerlifting*) – Avancé (entraînement de développé couché)

Exercice	Méthode	Paramètre de surcharge
1.	Exercice d'activation	3-4 séries de 6 à 8 répétitions
2.	Exercice de potentialisation	5-6 séries de 1-3 répétitions
3.	Exercice de stimulation (variante du développé couché)	Depends on the méthode
4.	Exercice de stimulation (poitrine)	3-4 séries de 3 à 5 répétitions
5.	Exercice de stimulation (triceps)	3-4 séries de 3 à 5 répétitions
6.	Exercice de stimulation (épaules)	3-4 séries de 6 à 8 répétitions

Patron dynamophilie (*powerlifting*) – Avancé (entraînement de soulevé de terre)		
Exercice	Méthode	Paramètre de surcharge
1.	Exercice d'activation	3-4 séries de 6 à 8 répétitions
2.	Exercice de potentialisation	5-6 séries de 1-3 répétitions
3.	Exercice de stimulation (variantes du soulevé de terre)	Depends on the méthode
4.	Exercice de stimulation (ischios)	3-4 séries de 3 à 5 répétitions
5.	Exercice de stimulation (dos)	3-4 séries de 3 à 5 répétitions
6.	Exercice de stimulation (bas du dos)	3-4 séries de 6 à 8 répétitions
7.	Exercice de stimulation (biceps)	3-4 séries de 6 à 8 répétitions

Patron dynamophilie (*powerlifting*) – Avancé (entraînement d'accroupissement)		
Exercice	Méthode	Paramètre de surcharge
1.	Exercice de potentialisation	3-4 séries de 6 à 8 répétitions
2.	Exercice de stimulation (variante d'accroupissement)	5-6 séries de 1-3 répétitions
3.	Exercice eccentrique	Depends on the méthode
4.	Exercice de stimulation (quadriceps)	3-4 séries de 3 à 5 répétitions
5.	Exercice de stimulation (dos)	3-4 séries de 3 à 5 répétitions
6.	Exercice de stimulation (bas du dos)	3-4 séries de 6 à 8 répétitions

* Note that for the following athletic programs I suggest using an upper/lower training division.

Patron athlétique – Débutant (bas du corps)		
Exercice	Méthode	Paramètre de surcharge
1a.	Supersérie activation (quadriceps) + activation (ischios)	3-4 séries, maximum répétitions
1b.		3-4 séries, maximum répétitions
2.	Exercice de potentialisation (quadriceps)	3-4 séries de 6-8 répétitions
3.	Exercice de stimulation (quadriceps)	3-4 séries de 8 à 10 répétitions
4.	Exercice de potentialisation (ischios)	3-4 séries de 6-8 répétitions
5.	Exercice de stimulation (ischios)	3-4 séries de 8 à 10 répétitions

Patron athlétique – Débutant (haut du corps)		
Exercice	Méthode	Paramètre de surcharge
1a.	Supersérie activation (pousse) + activation (tir)	3-4 séries, maximum répétitions
1b.		3-4 séries, maximum répétitions
2.	Exercice de potentialisation (poussée horizontale)	3-4 séries de 6-8 répétitions
3.	Exercice de stimulation (poussée horizontale)	3-4 séries de 8 à 10 répétitions
4.	Exercice de stimulation (tir horizontal)	3-4 séries de 6-8 répétitions
5.	Exercice de stimulation (tir vertical)	3-4 séries de 8 à 10 répétitions
6.	Exercice de potentialisation (poussée verticale)	3-4 séries de 6-8 répétitions
7.	Exercice de stimulation (poussée verticale)	3-4 séries de 8 à 10 répétitions

Patron athlétique – Intermédiaire (bas du corps)		
Exercice	Méthode	Paramètre de surcharge
1a.	Supersérie d'activation (quadriceps) + activation (ischios)	3-4 séries, maximum répétitions
1b.		3-4 séries, maximum répétitions
2a.	Supersérie de potentialisation + stimulation (quadriceps)	3-4 séries de 6-8 répétitions
2b.		3-4 séries de 6 à 8 répétitions
3a.	Supersérie de potentialisation + stimulation (ischios)	3-4 séries de 6-8 répétitions
3b.		3-4 séries de 6 à 8 répétitions

Patron athlétique – Intermédiaire (haut du corps)		
Exercice	Méthode	Paramètre de surcharge
1a.	Supersérie d'activation (poussée) + activation (tir)	3-4 séries, maximum répétitions
1b.		3-4 séries, maximum répétitions
2a.	Supersérie de potentialisation + stimulation (poussée horizontale)	3-4 séries de 6-8 répétitions
2b.		3-4 séries de 6 à 8 répétitions
3.	Exercice de stimulation (tir horizontal)	3-4 séries de 6-8 répétitions
4.	Exercice de stimulation (tir vertical)	3-4 séries de 6 à 8 répétitions
5a.	Supersérie de potentialisation + stimulation (poussée verticale)	3-4 séries de 6-8 répétitions
5b.		3-4 séries de 6 à 8 répétitions

Patron athlétique – Avancé (bas du corps)		
Exercice	Méthode	Paramètre de surcharge
1a.	Supersérie d'activation (quadriceps) + activation (ischios)	3-4 séries, maximum répétitions
1b.		3-4 séries, maximum répétitions
2a.	Série géante de potentialisation + stimulation + métabolique (quadriceps)	4-5 séries de 6-8 répétitions
2b.		4-5 séries de 6 à 8 répétitions (or 4 à 6)
2c.		4-5 séries de 20-30 secondes
3a.	Série géante de potentiation + stimulation + métabolique (ischios)	4-5 séries de 6-8 répétitions
3b.		4-5 séries de 6 à 8 répétitions (or 4 à 6)
3c.		4-5 séries de 20-30 secondes

Patron athlétique – Avancé (haut du corps)		
Exercice	Méthode	Paramètre de surcharge
1a.	Supersérie d'activation (poussée) + activation (tir)	3-4 séries, maximum répétitions
1b.		3-4 séries, maximum répétitions
2a.	Série géante de potentialisation + stimulation + métabolique (poussée horizontale)	3-4 séries de 6-8 répétitions
2b.		3-4 séries de 6 à 8 répétitions (or 4 à 6)
2c.		3-4 séries de 20-30 secondes
3.	Exercice de stimulation (tir horizontal)	4-5 séries de 6-8 répétitions (or 4 à 6)
4.	Exercice de stimulation (tir vertical)	4-5 séries de 6 à 8 répétitions (or 4 à 6)
5a.	Série géante de potentialisation + stimulation + métabolique (poussée verticale)	3-4 séries de 6-8 répétitions
5b.		3-4 séries de 6 à 8 répétitions (or 4 à 6)
5c.		3-4 séries de 20-30 secondes

Section bonus : entraînement isométrique

Introduction

Isométrie signifie littéralement « même longueur ». Alors, lorsqu'il est question d'entraînement en résistance, isométrique signifie que le muscle exerce une force sans changer sa longueur. En d'autres mots, vous appliquez une force contre une source de résistance, mais il n'y a pas de mouvement externe (la longueur du muscle et l'angle des articulations demeurent les mêmes). Il existe plusieurs façons d'utiliser ce genre d'entraînement, ce que j'expliquerai dans quelques minutes. D'abord, laissez-moi vous expliquer quelques-uns des bénéfices de l'entraînement isométrique et pourquoi est-ce que j'aime bien utiliser ce genre d'entraînement.

Bénéfices des exercices isométriques

1. La force isométrique; la capacité de produire une force pendant une action musculaire statique est plus élevée que la force concentrique (qui soulève). Chez la plupart des individus, la force isométrique est environ 10-15% supérieure à la force concentrique (Schmidtbleicher, 1995). Cette production de force élevée peut être utilisée afin de déclencher des adaptations neurales positives qui peuvent mener à une augmentation importante de la force. Souvenez-vous que plus vous générez de force, plus vous devez recruter de fibres musculaires à haut seuil d'activation. C'est en ce sens que les exercices isométriques peuvent être utiles pour stimuler les gains en force et la croissance musculaire

2. Chez la plupart des individus, davantage d'unités motrices à haut niveau d'activation sont activées pendant une contraction isométrique maximale que pendant un mouvement de musculation régulier. Ceci est surtout vrai si l'on a affaire à des débutants. Vu sous cet angle, les exercices isométriques peuvent être utilisés pour développer la capacité du système nerveux d'activer ces unités motrices à haut seuil d'activation. Au fur et à mesure que votre SNC devient de plus en plus efficace à les activer pendant les actions isométriques, sa capacité générale à puiser dans ces fibres musculaires augmentera également, faisant de vous quelqu'un pouvant activer les unités motrices à haut seuil d'activation beaucoup plus facilement lors de mouvements de musculation réguliers. Ceci se traduit par une plus grande croissance musculaire et de meilleurs gains en force.

3. L'entraînement isométrique peut être utilisé comme méthode de potentialisation. J'ai brièvement expliqué ce qu'est la potentialisation (rendre un mouvement plus efficace grâce à une activité musculaire préalable). La potentialisation peut être stimulée soit avec des mouvements explosifs (que nous avons vu précédemment) et par contraction maximale volontaire, cette dernière étant aussi appelée potentialisation post-tétanique. Le tétanos fait référence à un état d'activation musculaire se produisant soit lors d'une longue contraction musculaire (amenée par la fatigue du muscle) ou par une contraction très intense (amenée par une contraction maximale). Le tétanos peut s'expliquer comme étant la contraction de toutes les unités motrices disponibles.

Il a été découvert que la force de contraction d'une fibre musculaire est plus importante après qu'avant le tétanos. Cet effet perdure pendant environ 5 minutes, (O'Leary et coll. 1997, Gullich et Schmidtbleicher 1995). En fait, pendant un tétanos de 7 secondes, <u>la capacité d'appliquer de la force diminue de 15% alors qu'elle augmente à 28% 1 minute après le tétanos, 33% après 2 minutes et 25 % après 5 minutes</u> (O'Leary et coll. 1997). Il semble donc que la capacité à produire de la force soit plus grande entre 2 et 3 minutes après la cessation de l'effort tétanique.

Cette augmentation de la capacité à produire de la force après une certaine stimulation est appelée facilitation post-tétanique (FPT). La façon la plus efficace de promouvoir une grande FPT est de stimuler très fortement le muscle au moyen d'une contraction maximale pendant 5-10 secondes (Brown et von Euler, 1938, Vandervoort et al. 1983).

La FPT peut augmenter la force de la contraction, surtout celle des fibres rapides (Bowman et coll. 1969, Standeart, 1964). FPT améliore également la vitesse de déploiement de cette force (Abbate et al, 2000). Cette méthode peut donc être utilisée pour potentialiser les mouvements lourds ainsi que les mouvements explosifs (Gullich et Schmidtbleicher 1997).

La FPT fonctionne en augmentant la phosphorylation des filaments de myosine, ce qui rend l'actine-myosine plus sensible au calcium dans les contractions subséquentes (Grange et coll. 1993, Palmer et Moore 1989, O'Leary et coll. 1997). Ceci n'est pas d'une importance capitale, mais, si vous le désirez, vous pouvez vous plonger dans un livre de physiologie et réviser la section traitant du glissement des filaments et de la contraction musculaire afin de voir comment la FTP augmenterait la capacité de production de force.

Donc, en résumé, l'isométrie maximale semblerait être la meilleure façon de tirer avantage de la FPT et ce, pour deux raisons :

a) La production de force est plus grande lors d'une contraction isométrique. Plus de force signifie meilleure potentialisation.

b) Les mouvements isométriques sont moins épuisants que les mouvements réguliers/concentriques, de sorte que la potentialisation est améliorée (ce qui améliore la performance) tout en limitant l'accumulation de fatigue (qui, évidemment, nuit à la performance). Le résultat final est que le potentiel de production de force est amélioré d'autant.

Pour tirer profit de cette méthode, vous devriez faire 5-10 secondes d'action isométrique maximale (dans la phase concentrique) 2-3 minutes avant de faire une série explosive d'un exercice régulier. Cet effet de potentialisation peut être utilisé avant une série d'un mouvement régulier lourd (ou explosif) ou encore pour améliorer encore davantage la force, la puissance et les gains en masse. Nous verrons plus tard quel type de méthode isométrique devrait être utilisé à cet effet.

4. Les exercices isométriques peuvent être utilisés pour renforcer un point faible dans un mouvement. La force gagnée avec les exercices isométriques est relative à l'angle utilisé lors de la contraction isométrique. En d'autres termes, vous améliorerez votre force principalement à l'angle que vous avez travaillé (avec un « empiètement » d'environ 15 degrés). Ceci peut être vu à la fois comme un inconvénient ou comme un bénéfice.

Un inconvénient parce que pour augmenter la force sur tout l'angle de mouvement, il vous faudra entraîner au moins 3 angles différents du mouvement. D'un autre côté, c'est aussi son bénéfice : l'isométrie peut être utilisée pour renforcer un angle précis, l'angle le plus faible (*sticking point*). Par exemple, si votre angle faible au développé couché se trouve à mi-course de la portion concentrique, vous pouvez utiliser le travail isométrique dans cet angle bien précis afin de renforcer ce point faible sans accumuler de grande fatigue ni exiger un temps de récupération particulièrement plus long suite à l'entraînement.

5. La force isométrique est importante pour plusieurs actions athlétiques. Par exemple, tout mouvement requérant à l'athlète de maintenir une position corporelle précise (p. ex. : position basse avec genoux fléchis au ski alpin) requiert une grande force isométrique. Les mouvements impliquant des transferts rapides entre l'eccentrique et le concentrique (course, changement de direction, etc.) exigent également une bonne dose de force isométrique puisque pour que ce transfert puisse se faire, la charge doit d'abord être stoppée, ce qui exige de la force eccentrique et isométrique.

6. Une tension intramusculaire maximale est atteinte pendant une très brève période lors de mouvements dynamiques (principalement dû au fait que le mouvement de la résistance possède des composantes de vélocité et d'accélération), alors que les exercices isométriques peuvent permettre de soutenir une tension maximale pendant des périodes beaucoup plus longues. Par exemple, au lieu de maintenir une tension intramusculaire maximale concentrique pendant 0,25 à 0,50 seconde lors d'un mouvement dynamique, vous pouvez soutenir la même tension pendant 3-6 secondes lors d'un exercice en isométrie. La force est grandement influencée par le temps total sous tension. Si vous pouvez ajouter 10-20 secondes de tension maximale à chaque séance d'entraînement, vous augmentez votre potentiel pour les gains en force et en masse musculaire.

Comme vous pouvez le constater, l'entraînement isométrique, appliqué convenablement, peut servir plusieurs causes : il peut aider à augmenter la force, la puissance, la masse musculaire et la performance athlétique. Puisque cette méthode est bien moins exigeante en termes de consommation d'énergie que l'entraînement régulier, c'est également une excellente façon de maintenir la force pendant la saison sans accumuler de fatigue superflue ce qui pourrait mener à une diminution de performance sur le terrain.

Points importants

1. Avec le temps, l'entraînement isométrique peut vous aider à améliorer votre capacité d'activer les unités motrices à haut seuil d'activation, surtout chez les débutants et les gens possédant un SNC inefficace.

2. Les exercices isométriques sont caractérisés par une grande production de force, ce qui peut être utilisé afin de stimuler les unités motrices à haut seuil d'activation à se renforcer ou à augmenter leur masse.

3. Vous pouvez utiliser les mouvements isométriques pour potentialiser l'entraînement régulier (le rendre plus efficace) en faisant des contractions isométriques maximales pendant des périodes de 5-10 secondes, 2-3 minutes avant vos séries d'entraînement régulières.

4. Si vous avez un angle plus faible lors de certains exercices, vous pouvez utiliser la méthode isométrique à cet angle précis afin de corriger le problème.

5. Le travail en isométrie exige moins d'énergie que l'entraînement régulier, il ne provoquera pas énormément de dommage musculaire non plus.

6. Plusieurs mouvements athlétiques exigent de la force isométrique. Elle est particulièrement importante pour les athlètes participant à des disciplines où une position corporelle doit être maintenue (ski alpin) ou dans des disciplines où des changements de direction brusques sont requis.

Types de travail isométrique

Vous remarquerez que je fais souvent mention de trois types d'entraînement isométrique : isométrie concentrique (ou positive), isométrie eccentrique (ou négative) et isométrie fonctionnelle. Comprenez que dans les deux premiers cas, ceci ne signifie pas que vous combiniez une action concentrique ou eccentrique avec de l'isométrie. Le principe de base demeure : aucun mouvement n'est produit. Cependant, **l'intention** change pendant le mouvement.

<u>Isométrie concentrique</u> : Vous poussez ou tirez contre une résistance fixe. Il n'y a pas de mouvement externe, mais l'intention de déplacer la résistance est là (même si c'est impossible).

Vous pouvez ici voir les trois positions du *squat* pour la méthode d'isométrie concentrique.

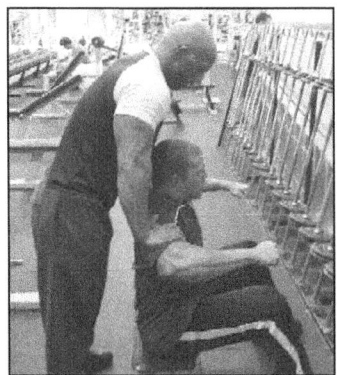

L'isométrie concentrique peut également être faite contre une résistance manuelle. Dans cet exemple à gauche, Coach Thibaudeau administre la méthode au culturiste Sébastien Cossette au moyen d'élévations latérales.

Isométrie eccentrique: Vous tenez une charge et votre objectif est de prévenir sa descente. Encore une fois, il n'y a pas de mouvement externe. Cependant, votre intention n'est plus de déplacer la charge, mais de la stopper.

Ci-dessous vous pouvez voir trois types d'isométrie eccentrique : a) en tenant une barre, b) en supportant votre poids corporel ainsi qu'un haltère et c) en supportant votre poids corporel.

Il est important de comprendre que ces deux techniques n'auront pas le même effet. Primo, les patrons nerveux utilisés dans ces deux cas seront différents. L'isométrie concentrique a un impact sur la force concentrique bien plus important que l'isométrie eccentrique.

Nous utilisons habituellement l'isométrie concentrique pour des séries courtes (5-10 secondes) afin de produire beaucoup de force et de stimuler autant que possible les unités motrices à haut niveau d'activation.

Un troisième type de travail isométrique peut s'ajouter : l'isométrie fonctionnelle. Il ne s'agit pas d'isométrie pure à 100 % puisqu'elle implique un certain mouvement, mais elle est tout de même considérée comme une méthode isométrique. Des trois méthodes isométriques, celle-ci est probablement la plus efficace pour stimuler les gains en force. Il est également bien plus facile de mesurer le progrès avec cette méthode qu'avec l'isométrie concentrique conventionnelle, ce qui rend cette méthode plus motivante.

L'isométrie fonctionnelle combine des mouvements concentriques très courts avec des actions d'isométrie concentrique. Il faut pour ce faire utiliser une cage (*power rack*) ainsi que deux paires de tiges de sûreté. La barre est placée entre les deux tiges de sûreté (elle repose sur les tiges du bas lors de la position de départ) et est chargée avec un poids très lourd. Les tiges de sûreté sont placées à 2-4 pouces de distance l'une de l'autre. L'exercice consiste à décoller la barre des premières tiges et de la pousser contre la seconde paire, juste au-dessus. Dès que la barre touche à la seconde paire de tiges de sûreté, vous poussez (ou tirez selon le mouvement) contre les tiges pendant 5-10 secondes. Les différences entre ce type d'entraînement et l'isométrie concentrique conventionnelle est que…

a) Il y a un certain mouvement concentrique, même si l'amplitude de mouvement est plutôt courte.

b) Vous ajoutez du poids à l'exercice. Avec l'entraînement en isométrie concentrique régulier, vous ne faites que pousser/tirer une barre vide contre les tiges de sûreté alors que dans la version fonctionnelle vous utilisez une barre chargée. Vous continuez d'ajouter du poids à la barre jusqu'à ce que vous ne puissiez plus soutenir la barre pendant 5 secondes contre les tiges de sûretés du haut. Ceci rend l'exercice bien plus motivant et facilite énormément l'évaluation du progrès.

Ci-dessous se trouve une illustration démontrant comment préparer sa série d'isométrie fonctionnelle (le développé couché est pris comme exemple à la page suivante).

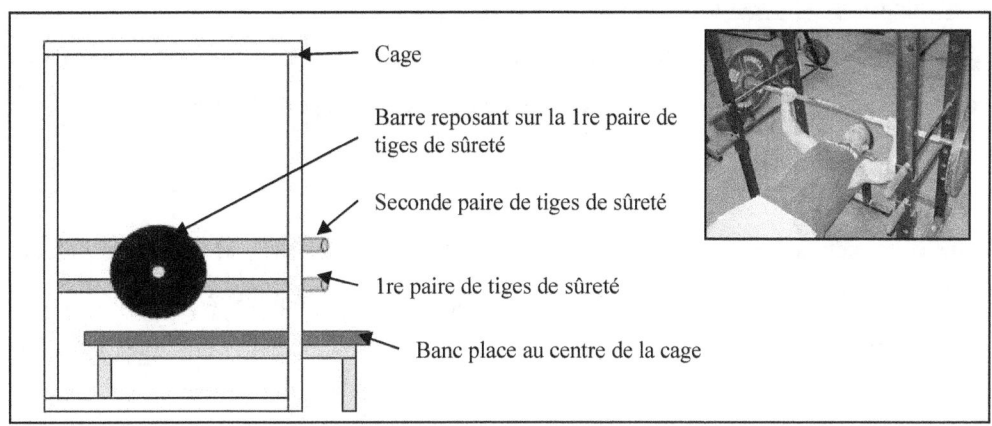

Combo de méthodes isométriques

Les trois méthodes précédentes peuvent être considérées comme des méthodes isométriques « pures » en ce sens que l'emphase est placée sur la seule action isométrique. Cependant, il est possible de combiner l'isométrique, le concentrique et l'eccentrique pendant le même exercice ou la même série. Ceci est connu sous le nom des « méthodes combos ».

Méthode Combo 1 : Contraste simple – eccentrique

Dans cette méthode vous incorporez une pause isométrique lors de l'exécution de la phase eccentrique d'un mouvement d'entraînement régulier. Par exemple, dans le développé couché, vous abaissez la barre jusqu'à 2-3 pouces de la poitrine, vous la maintenez pendant 3-5 secondes avant de la descendre complètement pour ensuite la pousser encore vers le haut et jusqu'à la position de départ.

Méthode Combo 2 : Contraste simple – concentrique

Pour cette méthode, vous inclurez également une action isométrique, mais cette fois pendant la phase concentrique. Vous ne faites pas cette pause simplement en tenant la charge en place, mais en demandant à un partenaire de pousser sur la barre pour l'arrêter. Lorsqu'il le fait, poussez aussi fort que possible contre la résistance pendant 3-5 secondes, après lesquelles il lâche la barre et vous laisse compléter la phase concentrique.

Méthode Combo 3 : Contraste multiple – eccentrique

Similaire à la première méthode, mais au lieu de stopper une seule fois pendant la phase eccentrique vous arrêtez 2-5 fois (à des positions différentes) pour 3-5 secondes.

Méthode Combo 4 : Contraste fatigue maximale

Dans cette méthode, vous faites une série régulière que vous menez à l'échec musculaire. Arrivé à ce stade, tenez la charge aussi longtemps que vous le pouvez. Selon le type de mouvement, vous maintiendrez le poids soit en position pleinement contractée ou à mi-course.

Position de la pause selon le type d'exercice	
Pleine contraction (fin de la phase concentrique)	Mi-course (point milieu de l'amplitude de mouvement)
Tirage vertical poulie haute (*Lat pulldown*) et variantes Tirage horizontal assis poulie basse (*Seated rowing*) et variantes Tirage vertical buste penché à la barre (*Barbell rowing*) et variantes Tirage vertical buste penché à l'haltère (*Dumbbell rowing*) et variantes Tirage vertical debout (*Upright rowing*) et variantes Haussement des épaules (*Shrugs*) et variantes Extension de jambes (*Leg extension*) Fleion de jambes (*Leg curl*) Mollets (*Calf raises*) et variantes Élévation latérales (*Lateral raises*) et variantes Extension dorsale Triceps à la poulie Biceps à la poulie Écartés debout au câble (*cable cross-over*) *Pec Deck machine* Écartés couché à la poulie	Développé couché et variantes Développé couché aux haltères et variantes Presse pour épaules et variantes Accroupissement (*Squat*) et variantes Pressse à quadriceps (*Leg press*) *Hack squat* Biceps avec barres Biceps avec haltères Triceps avec barres Triceps avec haltères Soulevé de terre et variantes

Méthode Combo 5 : Contraste de potentialisation

Il ne s'agit pas réellement d'une méthode combo puisque les exercices isométriques et concentriques sont séparés par un repos de 2-3 minutes. Cependant, puisque les deux types d'action sont utilisés, je l'ai incluse ici. Dans cette méthode, l'exercice isométrique est utilisé pour potentialiser les exercices de musculation réguliers. Pour ce faire, faites un mouvement concentrique d'une durée de 5-10 secondes avant de vous reposer pour 2-3 minutes, et enfin terminez avec un mouvement de musculation régulier. Vous pouvez utiliser une action isométrique arrivé à l'angle le plus faible dans le mouvement afin qu'il ne soit plus un angle aussi problématique, ou encore de faire cette action isométrique à l'angle le plus fort du mouvement, afin de maximiser l'effet de potentialisation du mouvement en entier. Voici quelques images illustrant ce principe avec le développé couché.

Tel que vu précédemment, les meilleurs exercices isométriques aux fins de potentialisation sont soit lourds, soit explosifs. Plus le mouvement requiert l'implication des unités motrices à haut seuil d'activation, plus il bénéficiera des exercices isométriques de potentialisation.

Quand utiliser les exercices isométriques

Plusieurs entraîneurs croient que les exercices isométriques devraient être utilisés à la fin d'un entraînement (Brunner et Tabachnik 1990, Vorobiev 1988). Cependant, Siff et Verkhoshansky (1999) mentionnent que l'entraînement isométrique peut être utilisé au début de l'entraînement afin de potentialiser/faciliter les exercices de force et de force-vitesse subséquents. Je crois que les deux options peuvent être utilisées : si vous désirez potentialiser un exercice principal, alors faites de l'isométrie en ce sens au début de l'entraînement. Si vous l'utilisez afin de renforcer un angle plus faible ou pour augmenter votre force/masse musculaire, alors faites-le après votre entraînement.

Limites de l'isométrie

Il est important de souligner que l'entraînement en isométrie possède également ses limites en ce qui a trait à son application pour les culturistes ou les athlètes. Oui, il peut aider à augmenter la force et la masse musculaire, mais sans mouvements dynamiques exécutés en parallèle (concentrique et eccentrique), les gains tarderont à se faire voir. En d'autres termes, ne vous attendez pas à voir des gains extraordinaires si tout ce que vous faites se résume aux exercices d'isométrie. Schmidtbleicher mentionne que le travail isométrique devrait compter pour 10 % du volume d'entraînement total lorsqu'on utilise cette méthode. Certains entraîneurs ont remarqué que les gains provenant de l'entraînement isométrique cessent après 6-8 semaines d'utilisation (Medvedyev 1986). Alors même si l'action isométrique peut s'avérer très utile afin de travailler un point faible ou pour améliorer la capacité d'un athlète à activer les fibres rapides, cette méthode ne devrait être utilisée que sur du court ou moyen terme, quand les progrès ralentissent ou qu'il faille augmenter rapidement la force d'un athlète.

L'entraînement isométrique peut également être utile lorsque le volume d'entraînement est plutôt faible, c'est-à-dire lorsque le volume d'entraînement est plus faible que d'habitude, soit pour des raisons de fatigue ou à cause des contraintes d'horaire. Vue sous cet angle, l'isométrie peut aider à prévenir la perte de force et de masse musculaire.

Points importants

1. L'isométrie concentrique est plus efficace lorsqu'utilisée pendant des périodes plutôt courtes (5-10 secondes) avec des contractions maximales. Elle est ainsi plus appropriée pour augmenter la force plutôt que la masse musculaire.

2. L'isométrie eccentrique est plus efficace lorsqu'utilisée pour des périodes plus longues (20-30 secondes). Elle est ainsi plus appropriée pour augmenter la masse musculaire.

3. L'isométrie fonctionnelle offre l'avantage qu'il est plus facile de conserver sa motivation et de mesurer sa progression.

4. Vous pouvez utiliser l'isométrie au début de chacun de vos entraînements afin de potentialiser l'exercice principal, ou à la fin de votre entraînement pour corriger un point faible ou pour stimuler la croissance musculaire.

Mot de la fin

Comme vous l'avez sans doute remarqué, ce livre ne vous fournit pas de programme déjà monté. Il est plutôt écrit afin de vous aider à apprendre les principes et méthodes qui vous permettront de concevoir vos propres programmes de musculation. « <u>Donnez un poisson à un homme et vous le nourrissez pour une seule journée, mais enseignez-lui à pêcher et vous le nourrissez pour le restant de sa vie.</u> » J'ai toujours d'avantage cru en l'éducation plutôt qu'aux réponses dogmatiques qui sortent de nulle part.

Ce qui est écrit sur un bout de papier est bien moins important que les principes de bases sous-jacents au programme ou que les efforts déployés au gym. Ce que j'ai essayé de faire avec ce livre est de vous donner tous les outils nécessaires afin de vous permettre de concevoir de nombreux programmes d'entraînement, menant tous à d'excellents résultats! En ce sens, je ne vous ai pas livré un programme d'entraînement, mais une panoplie! Il vous appartient maintenant d'utiliser l'information à votre avantage.

www.ingramcontent.com/pod-product-compliance
Lightning Source LLC
Chambersburg PA
CBHW081812300426
44116CB00014B/2337